高等学校应用型经济管理专业“十三五”规划精品教材

市场营销学

学习指南

郑文玲 朱晓琴 主编

華中科技大學出版社
http://www.hustp.com
中国·武汉

内 容 简 介

本书为工商管理类核心课程“市场营销学”的教辅用书。

本书是针对《市场营销学》(第五版)中的营销概述、营销环境、营销调研分析、营销战略决策、营销组合、营销组织管理等内容而编写的习题集，每章包括学习目标、重点内容、课后练习及参考答案。

本书既可作为本科、高职高专院校财经类相关专业学生的教材、辅导用书，也可以作为企业营销人员培训的教材和参考用书。

图书在版编目(CIP)数据

市场营销学学习指南/郑文玲，朱晓琴主编. —武汉：华中科技大学出版社，2020.1

高等学校应用型经济管理专业“十三五”规划精品教材

ISBN 978-7-5680-5873-5

Ⅰ.①市… Ⅱ.①郑… ②朱… Ⅲ.①市场营销学-高等学校-教学参考资料 Ⅳ.①F713.50

中国版本图书馆 CIP 数据核字(2019)第 257482 号

市场营销学学习指南

ShiChang Yingxiaoxue Xuexi Zhinan

郑文玲 朱晓琴 主编

策划编辑：陈培斌

责任编辑：张汇娟

封面设计：刘 婷

责任校对：李 弋

责任监印：周治超

出版发行：华中科技大学出版社(中国·武汉) 电话：(027)81321913

武汉市东湖新技术开发区华工科技园 邮编：430223

录 排：武汉楚海文化传播有限公司

印 刷：武汉市籍缘印刷厂

开 本：787mm×1092mm 1/16

印 张：10.75 插页：1

字 数：252 千字

印 次：2020 年 1 月第 1 版第 1 次印刷

定 价：32.00 元

前　言

本书是专门针对市场营销类应用型本科人才培养而特别编写的一本学习辅导书，依托高等教育出版社出版的“十二五”普通高等教育本科国家级规划教材《市场营销学》(第五版)，对应其每章内容，提供每章学习目标、重点内容、课后练习及参考答案。本书既可以作为学生学习市场营销课程的辅导用书，也可以作为教师课堂教学和考试命题的参考书。练习题的设计紧扣《市场营销学》(第五版)知识点，旨在帮助学习者掌握、消化所学理论知识，引导学习者自我检测与自我反思，并帮助学习者分清主次、掌握重点、以练促学。每章的课后练习均设计一道与之匹配的案例分析题，旨在通过对该章内容的学习，达到运用知识、分析问题和解决问题的目的。同时，参考答案可以让学习者自行检查并打开案例分析思路，帮助学习者更准确地掌握各章知识点，并提高应用能力。

本书在编写过程中，主要参阅了高等教育出版社出版的《市场营销学(第五版)学习指南与练习》(第五版)。本书的第一、六、七、八、九章由郑文玲执笔，第二、三、四、五、十、十一章由朱晓琴执笔，第十二、十四章由李礼执笔，第十三、十五章由胡军执笔。全书由郑文玲、朱晓琴统稿。

由于时间仓促，加之水平有限，书中疏漏和不当之处在所难免，恳请专家、读者批评指正，以便今后修改、完善。

编　者

2019 年 5 月

目　　录

第一章　市场营销学概述

一、学习目标

通过本章的学习，了解市场在不同角度的定义，理解并掌握市场营销、需要、欲望、需求等相关概念的含义；熟悉现代市场营销学的基本框架和主要内容。

二、重点内容

(一)市场营销学概述

市场营销学是一门以经济科学、行为科学、管理理论和现代科学技术为基础，研究以满足消费者需求为中心的企业市场营销活动及其计划、组织、执行、控制的应用科学。

(二)市场及市场营销

1. 市场

"市场"一词，最早是指买主和卖主聚集在一起进行交换的场所。在日常生活中，人们习惯将市场看作是买卖的场所，如商场、批发市场等。

经济学家从揭示经济实质角度提出市场概念，认为市场是商品经济范畴，是商品内在矛盾的表现，是供求关系，是商品交换的总和，通过交换来反映人和人之间的关系。

管理学家侧重从具体的交换活动及其运行规律去认识市场，认为市场是供需双方在共同认可的条件下所进行的商品或劳务的交换活动。

市场是商品经济中生产者与消费者之间为实现产品或服务的价值，所进行的满足需求的交换关系、交换条件和交换过程。

市场包含三个主要因素：有某种需要的人、为满足这种需要的购买能力和购买欲望。用公式来表示就是：

市场＝人口＋购买力＋购买欲望

2. 市场营销

美国市场营销协会(AMA)公布市场营销的定义："市场营销是一项有组织的活动，包括创造、传播和交付顾客价值和管理顾客关系的一系列过程，从而使利益相关者和企业都从中受益。"

根据上述定义，可以将市场营销概念从管理学角度具体归纳为以下三点：

①市场营销的目标是满足需求和欲望；

②市场营销的核心是交换；

③交换过程能否顺利进行，取决于营销者创造的产品和价值满足顾客需求的程度以及对交换过程的管理水平。

3. 市场营销的相关概念

(1)需要、欲望和需求。需要是指人们与生俱来的基本要求，如人为了生存与发展，有吃、穿、住、安全、归属、受人尊重等需要；欲望是指想得到上述需要的具体满足品的愿望；需求是人们有支付能力并愿意购买某个具体产品的欲望。

(2)产品。在营销学中，产品特指能够满足人的需要和欲望的任何事物，其价值在于它能够给人们带来对欲望的满足。产品实际只是获得服务的载体，这种载体可以是物，也可以是服务。

(3)效用、费用和满足。效用是消费者对产品满足其需要的整体能力的评价。消费者通常根据这种对产品价值的主观评价和需支付的费用来做出购买决定。

(4)交换、交易和关系。交换是通过提供某种东西作为回报，从别人那里取得所需物品的行为。交换是市场营销的核心概念，营销的全部内容都包含在交换概念之中。

交易是交换的基本组成单位，是交换双方之间的价值交换。在交换过程中，交易双方达成一项协议，称为发生了交易。

关系营销是营销者与有价值的顾客、分销商、零售商、供应商以及广告代理、科研机构等建立、保持并加强长期的合作关系。

(三)现代市场营销学的基本框架

市场营销学的构建从微观(企业)开始，逐步形成了微观与宏观两个分支。宏观市场营销从社会总体交换层面研究营销问题，它以社会整体利益为目标，强调从整体经济、社会道德与法律角度把握营销活动，以及受社会(政府、消费者组织等)控制和影响的营销过程，求得社会生产与社会需要之间的平衡，保证社会生产与社会需要之间的持续、健康发展并保护消费者利益。

微观市场营销学从全体(个人和组织)交换层面研究营销问题。微观市场营销是某一组织为了实现其目标而进行的一些活动，例如，预测顾客和委托人的需要，并引导满足需要的货物和劳务从生产者流转到顾客或委托人。

当代市场营销研究的主流仍然是微观市场营销学，包括概论、调研分析、营销战略、营销策略、营销组织与控制等。

课后练习

【名词解释】

1.市场 2.市场营销 3.需要 4.需求 5.交易

【单项选择题】

1.市场营销学产生于（ ）。

A.19世纪末20世纪初 B.20世纪

C.二战末期 D.20世纪50年代

2.市场营销理论20世纪初诞生在（ ）。

A.法国 B.日本 C.德国 D.美国

3.市场营销的核心是（ ）。

A.生产 B.交换 C.交易 D.促销

4.从市场营销的角度看，市场就是（ ）。

A.买卖的场所 B.商品交换活动及其规律

C.商品供求关系 D.现实和潜在购买者总和

5.在交换双方中，如果一方比另一方更主动、更积极地寻求交换，我们就将后者称为（ ）。

A.潜在顾客 B.现实顾客

C.市场营销者 D.市场交易者

6.企业最显著、最独特的功能是（ ）。

A.生产 B.人事功能

C.市场营销 D.销售

7.从营销理论的角度而言，企业市场营销的最终目标是（ ）。

A.满足消费者的需求与欲望 B.实现交换

C.求得生存和发展 D.把商品推销给消费者

8.下列哪种说法是正确的？（ ）

A.市场营销者可以通过市场营销活动创造需求

B.需要就是对某种产品的需求

C.市场营销者可以通过营销活动影响人们的欲望，进而影响人们的需求

D.有了欲望，需求自然产生

9.市场营销学第一次“革命”的标志是提出了（ ）的观念。

A.以消费者为中心 B.以生产者为中心

C.促销组合 D.网络营销

10.市场营销运行的基本要求是：一切经济活动都要围绕（ ）而进行。

A.企业 B.市场营销

C.等价交换 D.市场

11. 在交换双方中，如果一方比另一方更主动、更积极地寻求交换，我们就把前者称为（　　）。

A. 厂商　　B. 市场营销者

C. 推销者　　D. 顾客

12. 下列有关交换的说法哪个是正确的？（　　）

A. 人们要想获得所需要的产品，必须通过交换

B. 交换是一个结果而不是一个过程

C. 交换是交易的另一种说法

D. 交换是人们获得自己所需要的某种产品的一种方式

13. 与顾客建立长期合作关系是（　　）的核心内容。

A. 关系营销　　B. 绿色营销

C. 公共关系　　D. 相互市场营销

14. 1984 年，科特勒提出了市场营销的新概念，即（　　）。

A. 大市场营销　　B. 直接市场营销

C. 关系市场营销　　D. 全球市场营销

15. 市场营销学的学科范围是（　　）。

A. 经济学　　B. 管理学

C. 行为科学　　D. 心理学

16. 关系营销的核心概念是建立（　　）的长期关系。

A. 企业与顾客　　B. 企业与供应商

C. 企业与分销商　　D. 企业与经销商

17. 营销理论的基础是生产目的论和（　　）。

A. 价值来源论　　B. 价值实现论

C. 交换来源论　　D. 消费者主权论

18. 从管理决策的角度研究市场营销问题时，其研究框架是将企业营销决策分为目标市场和（　　）两大部分。

A. 宏观环境　　B. 微观环境

C. 企业不可控因素　　D. 营销组合

19. 20 世纪 80 年代，著名学者西奥多·莱维特提出了（　　）。

A. 大市场营销　　B. 全球营销

C. 关系营销　　D. 营销战

20. 20 世纪 90 年代，提出了 4C 营销理论的学者是（　　）。

A. 罗伯特·劳特朋　　B. 史利丹·田纳本

C. 葛斯·哈伯　　D. 肯·毕提

【多项选择题】

1. 欲望能够转化为需求的必须具备的条件包括（　　）。

A. 具有需要　　B. 有支付能力

C. 存在产品　　D. 愿意购买

E. 完成交易

2. 交易的发生必须具备的条件包括(　　)。

A. 至少存在两方

B. 至少有两个有价值的事物

C. 每一方有沟通信息和传递货物的能力

D. 买卖各方协商同意的交易条件、时间和地点

E. 每一方都认为与其他方进行交易是适当的

3. 人们获得产品以满足需要的方式包括(　　)。

A. 自行生产　　B. 强行取得

C. 乞讨　　D. 购买

E. 交换

4. 影响市场需求的基本要素包括(　　)。

A. 人口规模　　B. 购买力

C. 国土面积　　D. 购买欲望

E. 气候条件

5. 按照管理大师彼得·杜鲁克的说法,企业的基本功能是(　　)。

A. 生产　　B. 组织

C. 市场营销　　D. 控制

E. 创新

6. 关系营销的特征有(　　)。

A. 双向沟通　　B. 合作

C. 双赢　　D. 亲密

E. 控制

7. 经济学家认为,市场是(　　)。

A. 一个商品经济的范畴

B. 社会分工和商品生产的产物

C. 商品内在矛盾的体现

D. 供求关系

E. 通过交换反映出来的人与人之间的关系

8. 第二次世界大战结束 70 多年来,市场营销理论不断推陈出新,每隔几年就有一批有创见的新概念出现。20 世纪 50 年代提出的新概念主要有(　　)。

A. 产品生命周期　　B. 市场营销组合

C. 品牌形象　　D. 市场细分

E. 市场营销观念

【判断题】(正确的在括号内打"√",错误的打"×")

1. 市场营销就是推销广告。　　(　　)

2. 人们通常把买卖双方称为行业。　　(　　)

3. 市场营销的中心是为了达成交易。　　(　　)

4. 消费者之所以购买商品，根本目的在于获得并拥有产品本身。（　　）

5. 在通常情况下，消费者往往根据其对产品效用的主观评价来决定是否购买该产品。（　　）

6. 市场营销的最终目标是获取利润。（　　）

7. 交换是交易的基本组成单位，是交换双方的价值交换。（　　）

8. 市场营销学的形成阶段在1900年到1930年。它初创于欧洲，后来流传到美国、日本和其他国家。（　　）

9. 市场营销学的构建从微观（企业）开始，逐步形成了宏观市场营销学和微观市场营销学两个分支。（　　）

10. 顾客是企业得以生存的基础，企业的目的是创造顾客，任何组织若没有营销或营销只是其业务的一部分，则不能称为企业。（　　）

【简答题】

1. 简要分析经济学家和管理学家对市场认识的不同。

2. 交易营销、关系营销、价值营销、价值网营销的区别和联系是什么？

3. 简述市场营销学的主要研究方法。

参考答案

【名词解释】

1. 市场:是商品经济中生产者与消费者之间为实现产品或服务的价值,所进行的满足需求的交换关系、交换条件和交换过程。

2. 市场营销:是一项有组织的活动,包括创造、传播和交付顾客价值和管理顾客关系的一系列过程,从而使利益相关者和企业都从中受益。

3. 需要:是指人们与生俱来的基本要求。

4. 需求:是人们有支付能力并愿意购买某个具体产品的欲望。

5. 交易:是交换的基本组成单位,是交换双方之间的价值交换。在交换过程中,交易双方达成一项协议,称为发生了交易。

【单项选择题】

1. A　2. D　3. B　4. D　5. A　6. C　7. A　8. C　9. A　10. D
11. B　12. D　13. A　14. A　15. B　16. A　17. B　18. D　19. B　20. B

【多项选择题】

1. BD　2. ABCDE　3. ABCDE　4. ABD
5. CE　6. ABCDE　7. ABCDE　8. ABCDE

【判断题】

1. ×　2. ×　3. ×　4. ×　5. √　6. ×　7. ×　8. ×　9. ×　10. √

【简答题】

1. 简要分析经济学家和管理学家对市场认识的不同。

答:(1)经济学家从揭示经济实质角度提出市场概念,认为市场是商品经济范畴,是商品内在矛盾的表现,是供求关系,是商品交换的总和,通过交换来反映人和人之间的关系。经济学家指出,市场是社会分工和商品生产的产物。

(2)管理学家侧重从具体的交换活动及其运行规律去认识市场,认为市场是供需双方在共同认可的条件下所进行的商品或劳务的交换活动。

2. 交易营销、关系营销、价值营销、价值网营销的区别和联系是什么?

答:(1)交易营销阶段的营销管理以交易为中心,以销售活动为主,追求销售额增长,关注发展新顾客。

(2)关系营销阶段的营销管理以顾客关系为中心,追求留住顾客、多次成交和更持续的生意关系,最关注的是顾客满意度。

(3)价值营销阶段的营销管理以品牌价值为中心,追求获得更多顾客资产和品牌资产,注重深入挖掘顾客价值。

(4)价值网营销阶段的营销管理是以网络和价值网络为中心,关注利用外部资源的引入和网络效应来增强营销管理的效能和效率。

3.简述市场营销学的主要研究方法。

答:(1)传统研究法,包括产品研究法、机构研究法和职能研究法三种。

(2)历史研究法,即从发展变化过程来分析、阐述市场营销问题的研究方法。

(3)管理研究法,从管理决策角度研究市场营销问题,是二战后西方营销学者和企业界采用较多的一种研究方法。

(4)系统研究法,是一种将现代系统理论与方法运用于市场营销学研究的方法。

第二章　市场营销哲学的演变与新进展

一、学习目标

通过本章的学习，理解市场营销管理的内涵；熟悉市场需求类型；掌握市场营销管理哲学及其演变进程，掌握现代营销观念的精髓；理解顾客满意的含义；明确顾客满意的主要实现途径。

二、重点内容

(一)市场营销管理

1. 市场营销管理

市场营销管理是指企业选择目标市场，通过创造、传播和交付优质的顾客价值，建立和发展与目标市场之间的互利交换关系而进行的分析、计划、执行与控制过程。实质是需求管理，包括对需求的刺激、促进及调节。

2. 需求的类型

需求的类型主要有负需求、无需求、潜在需求、下降需求、不规则需求、充分需求、过量需求和有害需求。

(1)负需求。负需求是指全部或多数潜在消费者身体或心理厌恶某些产品或服务，但又不得不买，所以愿付出代价来回避某种产品的需求状况。

(2)无需求。无需求是指潜在消费者对相应的产品或服务毫无兴趣或漠不关心，从不主动购买的需求状况。

(3)潜在需求。潜在需求是指消费者对目前尚未实际存在的产品或服务有强烈的需求，而目前企业所提供的产品与服务无法满足其需求的状况。

(4)下降需求。下降需求是指市场对某种产品或服务的需求呈现下降趋势的情况。可能是科技进步、社会发展和产品更新的结果，也可能是企业营销不力或消费风潮的暂时改变所造成的。

(5)不规则需求。不规则需求是指市场需求量平均水平达到预期，但需求与供应在时间上存在差异，供不应求与供过于求交替发生。

(6)充分需求。充分需求是指需求的现行水平与时间充分符合供应者的期望。

(7)过量需求。过量需求是指需求超过了供给者所能或所愿的供给水平。企业可以采取限制性营销，限制消费者的过量需求。

(8)有害需求。有害需求是指对某些产品和服务的需求在一定程度上有害于消费者或供给者的利益，如香烟、毒品、色情电影等。

(二)市场营销管理哲学

1. 市场营销管理哲学

市场营销管理哲学是指企业对其营销活动及管理的基本指导思想。它是企业的一种观念、态度或思维方式。市场营销管理哲学的实质是处理好企业、顾客和社会三者之间的利益关系。

2. 市场营销管理哲学的演进

(1)生产观念。生产观念盛行于 19 世纪末 20 世纪初。生产观念认为消费者愿意接受任何他能买到并且买得起的产品。企业应当努力提高生产效率，实现低成本和大众分销。生产观念的典型口号是“我们生产什么，就卖什么”，其本质是生产中心论，是重生产、轻市场的观念。

(2)产品观念。产品观念认为消费者最喜欢高质量、高性能和具有某些特色的产品。其核心思想是致力于生产优质产品，并不断精益求精。经营者迷恋自己生产的产品而忽视市场需求，患有“营销近视症”。产品观念的口号是“质量比需求更重要”，它也是以产定销的观念。

(3)推销观念。推销观念盛行于 20 世纪三四十年代。推销观念认为消费者通常有一种购买惰性或抗衡心理，若听其自然，消费者就不会大量购买本企业的产品，必须运用推销与促销来刺激需求的产生。推销观念的口号是“我们卖什么，就让人们买什么”。推销观念也是建立在以企业为中心的基础之上的，以产定销。

(4)市场营销观念。市场营销观念是以消费者为中心的观念，它产生于 20 世纪 50 年代。这种观念认为企业的一切计划与策略应以消费者为中心，要正确确定目标市场的需要与欲望，要比竞争者更有效地满足顾客需求。市场营销观念的口号是“顾客需要什么，我们就生产供应什么”。市场营销观念的四大支柱理论是目标市场、顾客满意、整体营销和盈利性。

(5)社会营销观念。自 20 世纪 70 年代起，环境破坏严重、资源短缺、人口爆炸等社会问题日益突出，要求企业顾及消费者和利益相关者的长远利益。西方学者提出了一系列新的观念，其共同点是，企业的生产经营活动不仅要考虑消费者需要，而且要考虑消费者、利益相关者和整个社会的长远利益。社会营销观念的营销顺序是：市场及社会利益需求→企业→产品→市场。

(三)顾客满意

1. 定义

顾客满意是指顾客对一件产品或服务满足其需要的绩效与期望进行比较所形成的感觉状态。

2.顾客期望影响因素

顾客期望影响因素有以下几个:顾客以往购买经验,朋友和同事的影响,营销者和竞争者的信息与承诺。

(四)顾客感知价值

1.定义

顾客感知价值是指企业传递给顾客,且能让顾客感受得到的实际价值,一般表现为顾客总价值与顾客总成本之间的差额。

2.内涵

(1)顾客总价值:顾客购买某一产品与服务所期望获得的一系列利益,包括产品价值、服务价值、人员价值、形象价值。

①产品价值:由产品的功能、特性、品质与式样等所产生的价值,是顾客需要的中心内容和选购产品的首要因素。

②服务价值:指伴随产品实体的出售,企业向顾客提供的各种附加服务,包括产品介绍、送货、安装、调试、维修、技术培训、产品保证等所产生的价值。

③人员价值:指企业员工的经营思想、知识水平、业务能力、工作效益与质量、经营作风、应变能力等所产生的价值。

④形象价值:企业及其产品在社会公众中形成的总体形象所产生的价值。

(2)顾客总成本。顾客总成本是指顾客为购买某一产品或服务所耗费的时间、精神、体力以及所支付的货币资金等成本之和,包括货币成本、时间成本、体力成本和精神成本。

3.注意事项

第一,顾客感知价值的大小受顾客总价值与顾客总成本两方面及其构成因素的影响;第二,不同的顾客群对产品价值的期望和购买成本的重视程度是不同的;第三,应以能够实现企业的经营目标为主要原则。

课后练习

【名词解释】

1.市场营销管理　2.市场营销管理哲学　3.生产观念　4.产品观念　5.推销观念

【单项选择题】

1.校园周围的网吧里,周一至周五上网消费的人较少,而周末上网消费的人特别多,这种消费需求状态属于(　　)。

A.潜在需求　　B.不规则需求

C.充分需求　　D.过度需求

2.认为消费者喜爱那些可以随处得到的、价格低廉的产品的观点属于(　　)。

A.推销观念　　B.市场营销观念

C.产品观念　　D.生产观念

3.以"顾客需要什么,我们就生产供应什么"作为座右铭的企业是(　　)企业。

A.生产导向型　　B.推销导向型

C.市场营销导向型　　D.社会营销导向型

4.对于负需求市场,营销管理的任务是(　　)。

A.反市场营销　　B.刺激市场营销

C.改变市场营销　　D.维持市场营销

5.某家具生产企业宣称其生产的办公柜从十层楼上扔下来都不会摔坏。该家具生产企业所奉行的营销管理哲学是(　　)。

A.推销观念　　B.市场营销观念

C.产品观念　　D.生产观念

6.下列哪种观念容易出现"营销近视症"(　　)?

A.生产观念　　B.产品观念

C.营销观念　　D.推销观念

7.推销观念认为(　　)。

A.要统筹兼顾企业、消费者和社会的利益

B.只要产品质量好,就不愁产品卖不出去

C.从消费者需要出发生产产品是推销的基础

D.只要大力推销,消费者就会接受企业的产品

8.社会营销观念认为(　　)。

A.在市场营销活动中应从社会的利益出发

B.要统筹兼顾企业、消费者和社会的利益

C.满足了社会的利益,就可满足消费者和企业的利益

D.消费者是上帝,消费者的利益就是企业的利益

9. 顾客的总成本包括(　　)。

A. 货币成本　　B. 货币成本加精神成本

C. 货币成本加非货币成本　　D. 货币成本加时间成本

10. 将企业作为思考问题的出发点，以企业利益作为根本取向和最高目标来处理问题的观念是(　　)。

A. 以顾客为中心的观念　　B. 以企业为中心的观念

C. 社会营销观念　　D. 生产观念

11. 现代市场营销的构架形成于(　　)。

A. 20 世纪初　　B. 20 世纪 20 年代

C. 二战后　　D. 20 世纪 60 年代

12. "好酒不怕巷子深"是(　　)的典型体现。

A. 生产观念　　B. 产品观念

C. 推销观念　　D. 市场营销观念

13. 对于下降需求市场，营销管理的任务是(　　)。

A. 改变市场营销　　B. 降低市场营销

C. 再营销　　D. 维持市场营销

14. 当企业产品对于消费者而言变成过量需求，可以采取(　　)。

A. 加入团购　　B. 增开微信公众号

C. 增加产品供给　　D. 提高价格

15. 对于潜在的需求应实施(　　)。

A. 刺激性营销　　B. 再生性营销

C. 开发式营销　　D. 同步性营销

16. 顾客总价值与顾客总成本之间的差额就是(　　)。

A. 企业让渡价值　　B. 企业利润

C. 顾客让渡价值　　D. 顾客利益

17. 服务价值是指伴随产品实体的出售，企业向顾客提供的(　　)。

A. 附加服务　　B. 送货

C. 产品保证　　D. 技术培训

18. (　　)是达成顾客忠诚的重要条件。

A. 产品质量　　B. 以人为本

C. 诚信待人　　D. 高度满意

19. 为了适应社会对于环境保护的要求，许多企业主动采取绿色包装以降低白色污染。这种做法反映了企业的(　　)。

A. 社会营销观念　　B. 销售观念

C. 市场观念　　D. 生产观念

20. 下列有关市场营销观念说法中，错误的是(　　)。

A. 营销重点是顾客需求　　B. 重视的是长期利益

C. 采用整合的营销手段　　D. 营销程序是从生产者到消费者

【多项选择题】

1. 当企业产品对于消费者而言变成下降需求时，可以采取(　　)。

A. 加入团购　　B. 增开微信公众号

C. 短期促销　　D. 提高价格

2. 4C 组合，其内容主要包括(　　)。

A. 顾客　　B. 成本

C. 产品　　D. 便利

E. 沟通

3. 欲望能够转化为需求必须具备的条件包括(　　)。

A. 具有需要　　B. 有支付能力

C. 存在产品　　D. 愿意购买

E. 完成交易

4. 市场营销观念的主要支柱包括(　　)。

A. 目标市场　　B. 顾客需求

C. 整合营销　　D. 产品质量

E. 盈利性

5. 生产观念产生和流行的客观经济条件是(　　)。

A. 产品供不应求　　B. 产品供过于求

C. 环境污染严重　　D. 产品质量高

E. 产品成本高

6. 奉行生产观念在下列哪些情况下也有可能成功？(　　)

A. 买方市场　　B. 卖方市场

C. 生产成本太高　　D. 产品为非渴求品

7. 围绕顾客满意，下列说法正确的是(　　)。

A. 如果对产品使用后的感知效果与期望一致，顾客就会满意

B. 提高顾客满意度可以通过增加顾客让渡价值实现

C. 顾客满意了就会成为忠诚顾客

D. 夸大产品宣传会导致顾客不满意

8. 顾客总价值包括(　　)。

A. 产品价值　　B. 服务价值

C. 品牌价值　　D. 形象价值

E. 人员价值

9. 下列哪种说法是正确的？(　　)

A. 市场营销者可以通过市场营销活动创造需求

B. 需要就是对某种产品的需求

C. 市场营销者可以通过营销活动影响人们的欲望，进而影响人们的需求

D. 欲望是需求产生的前提条件

10. 顾客购买总成本包括(　　)。

A. 货币成本　　B. 时间成本

C. 体力成本　　D. 精神成本

【判断题】

1. 社会两个文明水平的不断提高是推动企业营销观念改变的根本原因。　(　　)

2. 市场营销就是推销和广告。　(　　)

3. 消费者之所以购买商品，根本目的在于获得并拥有产品本身。　(　　)

4. 以企业为中心的观念包括生产观念和营销观念。　(　　)

5. 市场营销观念和社会营销观念的最大区别在于后者强调了社会和消费者的长远利益。　(　　)

6. 通过满足需求达到顾客满意，最终实现包括利润在内的企业目标，是现代市场营销的基本精神。　(　　)

7. 各方利益关系的协调本质上仍然是以顾客满意为核心的。　(　　)

8. 市场的发展是一个由消费者(买方)决定，而由生产者(卖方)推动的动态过程。　(　　)

9. 关系营销的核心是关系，传统营销的核心是交易。　(　　)

10. 从市场营销的发展趋势看，4C组合是完全能够替代4P组合的。　(　　)

【简答题】

1. 市场营销管理哲学的演变经历了哪几个阶段？

2. 销售观念和市场营销观念的主要区别是什么？

3. 什么是顾客满意？企业可以从哪些方面提高顾客满意度？

4. 新世纪营销视野有哪些新的关注点？

5. 顾客让渡价值有何意义？

【案例分析题】

蚊帐将“寿终正寝”吗？

C市英华路，大名鼎鼎的王德荣蚊帐商店门可罗雀。“王德荣”在C市是个路人皆知的人物。改革开放之初，他以优质蚊帐赢得顾客，从而率先致富。作为全市第一个公开承认自己资产已达百万的个体户，他一度成了C市人茶余饭后的议论中心。

然而，如今走进王德荣蚊帐店，稍事逗留，就会发现这里难得进来一位顾客。作为销售旺季的6月份，今年的销售额仅40多万元，与往年70多万元月销售额形成了巨大的反差。而这还是全市蚊帐商店中境况最好的一家，有的蚊帐厂家已濒临倒闭。

为了挽救衰败的局势，王德荣使出了浑身解数，亮出了一招又一招：开展照图加工业务，顾客想把蚊帐做成什么样子，只需画张图，哪怕只做一床，他也承接；对老弱病残顾客，不仅在店里笑脸相迎，提供优质服务，而且负责上门挂好新买的蚊帐。在蚊帐生产上，他提出9个字的指导思想：高档化、装饰化、礼品化。他坚持全部采用上乘进口原材料进行加工，生产出来的蚊帐有五六个款式，10余个品种，20多种颜色，有围帐、圆帐、方帐，色彩鲜艳，款式新颖，上至365元一床的呢绒提花围帐，下至24元一床的儿童蚊帐。其中有一种圆帐,白天收起来俨然像一只美丽的花篮。

然而,这仍无补大局。与蚊帐滞销形成鲜明对比的是,今年C市的如意牌驱蚊器正由于供不应求而令那名气颇大的刘宏厂长如坐针毡,来自全国各地的信件、电报、长途电话一个劲地催货,更有许多老顾主住在C市死盯着他,工人们加班加点仍然满足不了需求。

同样是生产抵御蚊子的工具——蚊帐和电子驱蚊器,这两家却是一家欢乐一家愁。

王德荣在被问及蚊帐市场前景时说:"我想世界上只要还有蚊子,人们对蚊帐的需求恐怕就不会消失。"然而,C市某公司10名刚刚结婚或正在筹备结婚的新人,当被问及"您是否已经或正要为您的新房购置一床漂亮的蚊帐"时,答案却完全一边倒,"既没买,也不打算买"。一位新娘甚至还反问一句:"现在结婚谁还买蚊帐啊?!"接着,还历数了蚊帐的种种弊端:挂蚊帐让本来就小得可怜的居室显得更小,给人以压抑、郁闷感;钻进蚊帐,只能被动地躲避蚊子,人不自由,而蚊子仍然无孔不入,永远处于进攻状态;蚊帐洗涤和收拾起来都很不方便;挂蚊帐也无法吹电扇;一床蚊帐100多元,只能新鲜三五年,旧了再挂也不好看……有人还拿出一本厚厚的《国外居室布置》翻着说:"看人家西方国家,谁还在卧室里不伦不类地吊一顶蚊帐呀?"

随着小小电子驱蚊器的问世,蚊帐这种具有悠久历史的居室用品将会"寿终正寝"吗?

请分析讨论:

1. 蚊帐,这个"几乎家家户户的必需品"真的没有市场了吗? 为什么?

2. 王德荣在被问及蚊帐市场前景时说:"我想世界上只要还有蚊子,人们对蚊帐的需求恐怕就不会消失。"这句话反映出他什么样的市场观念?

3. 你觉得王德荣的这种市场观念问题出在哪里?

参考答案

【名词解释】

1. 市场营销管理：企业选择目标市场，通过创造、传播和交付优质的顾客价值，建立和发展与目标市场之间的互利交换关系而进行的分析、计划、执行与控制过程。实质是需求管理，包括对需求的刺激、促进及调节。

2. 市场营销管理哲学：企业对其营销活动及管理的基本指导思想。它是企业的一种观念、态度或思维方式。

3. 生产观念：认为消费者愿意接受任何他能买到并且买得起的产品，是一种最古老的营销管理观念。

4. 产品观念：认为消费者最喜欢高质量、高性能和具有某些特色的产品，所以企业要致力于生产优质产品，并不断精益求精。

5. 推销观念：认为消费者通常有一种购买惰性或抗衡心理，若听其自然，消费者就不会大量购买本企业的产品，因而要积极销售和大力推广。

【单项选择题】

1. B　2. D　3. C　4. C　5. C　6. B　7. D　8. B　9. C　10. B

11. D　12. B　13. C　14. D　15. C　16. C　17. A　18. D　19. A　20. D

【多项选择题】

1. ABC　2. ABDE　3. BC　4. ACE　5. AE

6. BC　7. ABD　8. ABDE　9. CD　10. ABCD

【判断题】

1. √　2. ×　3. ×　4. ×　5. √　6. √　7. √　8. √　9. √　10. ×

【简答题】

1. 市场营销管理哲学的演变经历了哪几个阶段？

答：市场营销管理哲学的演变经历了生产观念、产品观念、推销观念、市场营销观念、社会营销观念。

2. 销售观念和市场营销观念的主要区别是什么？

答：推销观念和市场营销观念的主要区别：推销观念以企业为中心，市场营销观念以消费者为中心；推销观念运用推销与促销来刺激需求的产生，市场营销观念挖掘和开发消费者需求。

3. 什么是顾客满意？企业可以从哪些方面提高顾客满意度？

答：顾客满意是指顾客对一件产品或服务满足其需要的绩效与期望进行比较所形成的感觉状态。

企业可以提高产品价值、服务价值、人员价值、形象价值，降低时间、精神、体力以及所支付的货币资金等成本。

4.新世纪营销视野有哪些新的关注点?

答:新世纪营销视野的新关注点有绿色营销、体验营销、网络营销、微信营销。

5.顾客让渡价值有何意义?

答:顾客让渡价值的多少受顾客总价值与顾客总成本两方面的因素的影响。其意义在于:不同的顾客群对产品价值的期望与对各项成本的重视程度是不同的;企业为了争取顾客,战胜竞争对手,巩固或提高产品的市场占有率,往往采取顾客让渡价值最大化策略。

【案例分析题】

1.蚊帐,这个"几乎家家户户的必需品"真的没有市场了吗?为什么?

答:蚊帐还是会有市场,只是消费者对蚊帐的需求属于下降需求,营销者可以通过改变营销手段来恢复一部分需求。

2.王德荣在被问及蚊帐市场前景时说:"我想世界上只要还有蚊子,人们对蚊帐的需求恐怕就不会消失。"这句话反映出他什么样的市场观念?

答:主要反映出王德荣所持有的生产观念,对市场的判断来自生产者自身的想法,而不是通过市场调查而获得。

3.你觉得王德荣的这种市场观念问题出在哪里?

答:在这种观念下,营销者会忽视市场、忽视消费者意愿,认为消费者愿意接受任何他能买到并且买得起的产品,一切生产来自企业自身的想法,关注生产,忽略变化。

第三章　战略计划与市场营销管理

一、学习目标

通过本章的学习，了解企业战略的含义，明确企业战略的层次结构，熟悉企业总体战略规划的过程与内容；掌握企业的主要发展战略、经营战略的含义及每种具体经营战略。

二、重点内容

（一）企业战略

1. 含义

企业战略是各个战略经营单位根据总体战略的要求，开展业务、进行竞争和建立优势的基本安排，是企业根据外部环境和内部条件的变化，对企业的使命、目标及业务发展方向的规划。

2. 战略的层次结构

企业的战略可以分成总体战略、经营战略和职能战略。

（1）总体战略：主要决定企业在哪些领域开展活动、经营范围的选择和资源如何配置任务。由企业高层负责制定、落实总体战略。

（2）经营战略：各个战略经营单位根据总体战略的要求，决定如何开展业务、进行竞争和建立优势。重点考虑的是一个产品或一项业务应当怎样生存及发展。

（3）职能战略：各职能部门对本部门任务、责任和要求的安排和规划。

（二）投资组合评价工具

1. "市场增长率—相对市场占有率"矩阵（波士顿矩阵）

以市场增长率和相对市场占有率为坐标，将企业业务分为明星业务、奶牛业务、瘦狗业务和问号业务四种。其中，市场增长率是指企业某项业务所在的市场或行业，在一定时期内销售增长的百分比；相对市场占有率是指企业某项业务的市场份额与最大竞争对手的市场份额之比。

（1）问号业务：市场增长率较高、相对市场占有率较低的业务单位或业务。它们需要较多资源投入，以追赶竞争对手和跟上市场成长，但其自身前景不够明朗。

(2)明星业务:经营成功的问号业务,短期内不一定给企业带来可观收益,却是未来的财源。

(3)奶牛业务:市场增长率降低,企业可以不再投入大量资源,具有较高的相对市场占有率,能获得较好回报和效益。

(4)瘦狗业务:市场增长率和相对市场占有率都偏低的业务,可能还有一些收益,但是盈利少或有亏损。

2."多因素投资组合"矩阵

企业对每个战略业务单位,都从市场吸引力和竞争能力两个方面进行评估。市场吸引力取决于市场大小、年市场增长率、历史的利润率等。竞争能力由该单位的相对市场占有率、产品质量、分销能力等因素决定。依据这两个指标的强弱,多因素投资组合矩阵分为九个区域,由它们组成三种战略地带。

(三)企业成长战略

1.密集增长型战略

密集增长型战略是一种使企业在现有的战略基础上向更高一级的目标发展的战略。密集增长型战略以发展为导向,引导企业不断地开发新的产品,开拓新的市场,采用新的生产方式和管理方式,以便扩大企业的产销规模,提高竞争地位,增强企业的竞争实力。

(1)市场渗透战略。

市场渗透战略是指以现有的产品在现有的市场范围内通过更大的营销努力来提高现有产品或服务的市场份额的战略。这种战略比较适合于市场成长期,企业即使不进行新产品和新市场的开发,也能够利用现有市场容量的增长获得总量的增长,其经营风险小。但是当市场处于成熟期时,由于竞争的加剧,采取此战略可能遭遇较大的风险。

(2)市场开发战略。

市场开发战略是指在现有区域内寻找新的细分市场,或进入新的市场区域,它比市场渗透战略具有更多的战略机遇,能够减少由原有市场的饱和而带来的风险,但也不能减少由于技术的更新而使原有产品遭受淘汰的风险。

(3)产品开发战略。

产品开发战略是向现有市场提供新产品或改进的产品,满足现有市场的不同需求。

2.一体化发展战略

一体化发展战略是指企业充分利用自身产品(业务)的生产、技术和市场等方面的优势,沿着其产品(业务)生产经营链条的纵向或水平方向,不断地通过扩大其业务经营的深度和广度来扩大经营规模,提高其收入和利润水平,从而使企业得到发展壮大。

(1)前向一体化发展战略。前向一体化发展战略是指以企业初始生产经营的产品(业务)项目为基准,企业生产经营范围沿其生产经营链条向前延伸,使企业的业务活动更加接近最终用户——发展原有产品的深加工业务,提高产品的附加值后再出售,或者直接涉足最终产品的分销和零售环节,也就是利用现有产品来生产新产品和自行销售产品。

(2)后向一体化发展战略。后向一体化发展战略是指以企业初始生产经营的产品(业务)项目为基准,企业生产经营范围沿其生产经营链条向后延伸,发展企业原来生产经营业务的配套供应项目——发展企业原有业务生产经营所需的原料、配件、能源、包装和服务业务的生产经营。也就是企业现有产品生产所需的原材料和零部件等,由外供改为自己生产。

(3)水平一体化战略。水平一体化战略是指企业通过购买与自己有竞争关系的企业或者与之联合及兼并来扩大营业,获得更大利润的发展战略。该种战略的目的是扩大本企业的实力,增强竞争能力。水平一体化战略是企业在竞争比较激烈的情况下进行的一种战略选择。这种选择既可能发生在产业成熟化的过程中,成为增加竞争实力的重要手段;也可能发生在产业成熟之后,成为避免过度竞争和提高效率的手段。

3. 多元化发展战略

多元化发展战略是指企业利用现有的资源和优势,运用资本营运的各种方式,投资发展不同行业的其他业务的市场营销战略。可分为同心多元化、水平多元化和综合多元化三种类型。

(1)同心多元化。同心多元化是指以现有业务领域为基础,利用现有的产品线、技术、设备、经验、特长等,增加产品的种类,向行业的边缘业务发展的战略。

(2)水平多元化。水平多元化是指针对现有目标市场上顾客的潜在需求,发展其他行业的有关业务的战略。

(3)综合多元化。综合多元化是指利用企业的人才优势、资金优势,或根据联合经营的需要,投资发展与原有业务无明显关系的新业务的战略。

(四)经营战略类型

1. 成本领先战略

成本领先战略是指企业通过降低自己的生产和经营成本,以低于竞争对手的产品价格获得市场占有率,并获得同行业平均水平以上的利润。

适用条件:行业内的价格竞争非常激烈;行业内的产品基本上符合标准;顾客对价格的敏感程度高;顾客的转换成本很低。

2. 差异化战略

差异化战略是指通过依托于产品及设计、工艺、品牌、特征、款式和服务等方面或几个重要的关键点,与竞争者相比具有更显著并能为顾客感知的独到之处的战略。

适用条件:差别化创造途径多样,有价值;产品需求和使用呈现出多样性;采用类似差别化途径的竞争对手少;技术变革很快,不断推出新产品。

3. 集中战略

集中战略是指经营活动集中于某一特定的购买群体、产品线的某一部分或某一地域市场,通过为这个小市场的购买者提供更好的服务获得竞争优势的一种战略。

适用条件:市场存在某些特殊群体;企业资源能力有限,不能以更大的细分市场为目标;有实力的竞争者不打算同样在这里集中。

课后练习

【名词解释】

1.总体战略　2.“市场增长率-相对市场占有率”矩阵　3.“多因素投资组合”矩阵　4.成本领先战略　5.差异化战略　6.集中战略

【单项选择题】

1.下列哪种产品更适合差别化?(　　)

A.电脑　　B.风扇

C.商品房　　D.路由器

2.企业以原有产品争夺原有市场的战略是(　　)。

A.市场开发战略　　B.市场渗透战略

C.市场分割战略　　D.市场定位战略

3.某制鞋企业专门市场提供儿童的皮鞋、布鞋、旅游鞋等,这是一种(　　)策略。

A.市场集中化　　B.市场专业化

C.全面市场覆盖　　D.产品专业化

4.采用(　　)的模式的企业必须拥有强大的资源和营销实力。

A.市场集中化　　B.市场专业化

C.产品专业化　　D.市场的全面覆盖

5.在调整业务投资组合时,对某些问号类业务单位,欲使其转入明星类单位,宜采取哪种战略?(　　)

A.保持　　B.收割

C.发展扩大　　D.放弃

6.某企业生产的29英寸彩电原来只在城市市场销售,现在决定投入农村市场以进一步提高市场占有率。其采用的营销发展战略属于(　　)。

A.市场渗透战略　　B.市场开发战略

C.产品开发战略　　D.产品多元化战略

7.市场增长率和相对市场占有率都较低的业务单位是(　　)。

A.问号类　　B.明星类

C.奶牛类　　D.瘦狗类

8.战略环境因素变化的结果,对企业及其活动形成有利的条件是(　　)。

A.环境威胁　　B.市场机会

C.市场利润　　D.成本降低

9.按通用电气公司的评估方法,对竞争能力强而市场吸引力适中的业务应采取的措施是(　　)。

A.巩固投资　　B.巩固调整

C.选择发展　　D.保持优势

10. 企业利用原有的市场，通过从不同的角度开发新产品，达到扩大企业业务领域，稳固占有市场的目的，这种增长策略是(　　)。

A. 同心多元化　　B. 水平多元化

C. 综合多元化　　D. 水平一体化

11. 冒险业务的特点是(　　)。

A. 高机会高威胁　　B. 高机会低威胁

C. 低机会低威胁　　D. 低机会高威胁

12. 成熟业务的特点是(　　)。

A. 高机会高威胁　　B. 高机会低威胁

C. 低机会低威胁　　D. 低机会高威胁

13. 集中性市场战略尤其适合于(　　)。

A. 跨国公司　　B. 大型企业

C. 中型企业　　D. 小型企业

14. 寻求(　　)是产品差别化战略经常使用的手段。

A. 价格优势　　B. 良好服务

C. 人才优势　　D. 产品特征

15. 某公司用同一产品除巩固原有老顾客外，还能争取更多的新顾客购买，该公司实施的这种战略称为(　　)战略。

A. 市场渗透　　B. 产品开发

C. 市场开发　　D. 多种经营

16. 企业通过一定的手段使现有市场的顾客增加购买量，从而寻找新的市场机会的方法是(　　)。

A. 市场开发　　B. 产品开发

C. 市场渗透　　D. 多种经营

17. 市场增长率和相对市场占有率都较高的经营单位是(　　)。

A. 问号类　　B. 明星类

C. 奶牛类　　D. 瘦狗类

18. 规划经营战略的关键是战略分析和(　　)。

A. 战略选择　　B. 战略计划

C. 战略部署　　D. 战略调查

19. 职能战略是各个职能部门的(　　)战略。

A. 长期性　　B. 中期性

C. 短期性　　D. 中长期

20. 区分战略经营单位的主要依据是多项业务之间是否存在共同的(　　)。

A. 经营主线　　B. 经营目标

C. 经营方针　　D. 经济利益

【多项选择题】

1. 一体化发展战略的类型有(　　)。

A. 前向一体化　　B. 后向一体化

C. 双向一体化　　D. 水平一体化

E. 垂直一体化

2. 生产型企业开发零售业务所进行的战略是(　　)。

A. 横向开发战略　　B. 多元化战略

C. 一体化发展战略　　D. 前向一体化发展战略

3. 市场竞争战略包括(　　)。

A. 成本领先战略　　B. 差异化战略

C. 集中战略　　D. 目标市场战略

E. 水平一体化战略

4. 市场专业化意味着(　　)。

A. 企业只生产一种产品供应给各类顾客

B. 有助于企业形成和发展其生产和技术上的优势

C. 可有效地分散经营风险

D. 可有效发挥大型企业的实力优势

E. 进行集中营销

5. 企业有选择进入几个不同的子市场时,要求(　　)。

A. 每个子市场都有良好的盈利能力

B. 企业具有进入这个子市场的资源

C. 子市场之间很少或根本不发生联系

D. 企业必须非常了解子市场

E. 企业在这个子市场可以形成规模效益

6. 企业使命说明书包括的基本要素是(　　)。

A. 使用范围　　B. 活动领域

C. 国家法律　　D. 主要政策

E. 企业愿景

7. 属于战略的基本特征是(　　)。

A. 全局性　　B. 长远性

C. 纲领性　　D. 易变性

E. 抗争性

8. 企业使命包含下列哪些内容?(　　)

A. 行业选择　　B. 区域选择

C. 市场选择　　D. 战略单位划分

9. BCG(波士顿矩阵)模型包含的衡量指标有(　　)。

A. 市场规模　　B. 市场增长率

C. 相对市场占有率　　D. 市场利润

10. GE 模型包含的衡量指标有（　　）。

A. 市场大小　　　　B. 年市场增长率

C. 历史的利润率　　　　D. 产品质量

E. 分销能力

【判断题】

1. 确定企业使命时，只需要公司管理部门的认可通过即可。（　　）

2. 企业使命反映企业的目的、特征和性质。（　　）

3. 规划投资组合实质上是企业高层对各个经营单位及其业务进行评估和分类，确认它们的发展潜力，决定投资结构。（　　）

4. 根据 BCG 分析法，对于奶牛类的经营单位或业务应采用发展策略。（　　）

5. 一般来说，企业利润水平与市场占有率同向增长。（　　）

6. 处于红色地带的企业一般采用收割或放弃战略。（　　）

7. 处于黄色地带的企业采取增加资金投入和发展扩大的战略。（　　）

8. 在正常情况下，市场占有率上升表示市场营销绩效提高，在市场竞争中处于优势。（　　）

9. 某些基本的市场竞争战略是不会随时间、地点和竞争者改变的。（　　）

10. 管理不规则需求的任务是协调营销，通过灵活的定价、大力促销及其他刺激手段来改变需求模式。（　　）

【简答题】

1. 怎样用波士顿矩阵对企业的战略业务单位进行评价？

2. 战略制定的过程是怎么样的？

3. 业务战略单位具有哪些特征？

4. 企业实现密集增长的方式有哪些？

5. 成本领先战略适用于哪些情况？

【案例分析题】

唯品会的营销策略案例

一、差异化定位，填补市场空白

根据财报数据，唯品会 2012 年的销售额为 6.921 亿美元，实现了 204.7%的同比增长。这样显赫的战绩，源于唯品会的创业团队能够发现市场空白，进行独特精准的市场定位。根据“营销三维论——低成本打造强势品牌之路”品牌营销课程中的差异化营销论，企业应勇敢走向蓝海，探寻市场空白点，以实现业务的突破性增长。

与其他大中型 B2C（商对客）网站不同，唯品会并不是进行传统的网络销售，而是将自己定位于一家专门做品牌特卖的网站。品牌特卖网站其实并不是什么新鲜事物，在美国等西方国家，网上特卖产业已经发展得非常成熟，如美国的 TJ Maxx 和 Ross、法国的 Vente-privee 等都已成为非常成功的大型线上特卖网站。在我国，“特卖”主要停留在商场的个别促销上，专业特卖场非常少见，专攻特卖的 B2C 网站更是几乎没有。而以低廉价格淘到心仪品牌的产品，不仅外国消费者有这个需求，中国的消费者同样有这个需求，甚至更为迫切，但是我国却并没有出现能够专业地、成规模地为消费者提供低折扣优质品牌产品的平台。用户购买打折产品的诉求长期存在却一直得不到满足，于是市场出现了空白区域，唯品会正是瞅准了市场空白带来的商机，将自己定位于专门提供品牌特卖的网站，低至0.5折的品牌购物确实迎合了多数消费者品牌与优惠兼得的心理。

唯品会定位于品牌特卖，除了填补了为消费者集中提供打折商品的市场空白，同时还为各个品牌商提供了一个体面地处理库存的平台，解决供货商自身所面临的问题，从而保证了货源的供给。2012年，中国服装品牌的库存危机浮出水面，品牌供应商和唯品会之间的互利共赢关系更加紧密——供应商提供价格低廉的商品，唯品会提供一个平台帮助供应商消化掉这些库存。有人说唯品会搭上了服装品牌库存危机的顺风车，其实这并不准确。库存问题是一个常态的问题，在美国，成熟且发展好的服装品牌在卖完一个季度后，一般还仍有20%的存货。而且，一个品牌设计、采购、生产、流通的时间很长，一般需要12～18个月，周期如此长，也意味着库存永远会存在。即使没有库存危机，品牌商也需要一个平台解决这个常态问题。

可以说，唯品会选择"品牌特卖"这片蓝海是其成功的关键一步，上游有品牌供应商持续、稳定地提供低价货源，下游是渴望能够以最低的价格买到知名品牌产品的消费者，唯品会充当了整个链条中长期缺失的一个重要纽带。北京大学及清华大学总裁班营销专家刘杰克老师指出，唯品会的聪明之处还在于，虽然是一个专门做特卖的网站，但唯品会却不像商场甩卖那样给消费者一种非常廉价的感受，纯粹地成为一个尾货清理场。为了让消费者有更好的消费体验，让品牌供应商的库存消化得更为体面，帮助品牌商家消除库存只是唯品会的一部分业务，唯品会现有的经营商品中，也包括销售一些品牌当季新品以及网络特供品。

二、独特的经营模式，成功实践"饥饿营销"

找到了市场中的一片蓝海，是唯品会迈向成功的第一步，中国品牌特卖市场虽然发展相对落后，竞争对手却仍然存在，比如从实体店延伸发展到B2C网站的"上品折扣"也属于国内起步较早的品牌折扣店。与竞争对手相比，唯品会还有什么秘密武器使其脱颖而出呢？在经营模式上，唯品会选择了"闪购"这种国内还不太常见的方式，更直白地讲，就是限时限量的抢购模式，它属于饥饿营销的一种手段。根据刘杰克老师原创网络营销培训课程"网络营销实战——中小型企业如何借网络营销实现战略突围"中的饥饿营销论，饥饿营销是指企业有意控制某种产品的出货量，来掌握供需关系、制造市场上相应产品紧缺的事实，以达到维持产品更高销售价格或促进商品销售的目的。唯品会的"闪购"模式以低廉的价格、优质的产品吸引消费者，但只给消费者很短的时间去选择，其造成的紧迫感正是饥饿营销策略的核心点。

与传统的品牌打折特卖的方式不同，唯品会的这种限时抢购的模式能够保持产品在消费者心中的新鲜度，每天推出不同品牌的抢购，不停地刺激着消费者，甚至会让其上瘾，使其养成一种每天关注有什么品牌在进行特卖抢购的习惯。同时，对于消费者而言，限时限量抢购还意味着不是任何时候都有如此优惠的价格，让消费者以低价获取心仪的商品的同时还不降低该品牌在消费者心中的高端形象，让消费者感觉物有所值。另外这种闪购模式与淘宝网的"秒杀"相比也有着很大不同，在货品供应量上比秒杀活动多得多，而货品抢购不集中于短到一秒的时间，这样可以让消费者在这里既有相对充裕的时间选购，又必须珍惜时间，抓住机会选购。除了给消费者带来新鲜刺激的抢购乐趣外，闪购模式还为供货商和唯品会的存货管理带来了便利。闪购模式具有大进大出、大量进货、大量出货、大量退货的特点，可以帮助供应商较快处理库存商品，也有助于唯品会加快周转，也避免了货源不足带来的麻烦。另外，限时限量抢购模式，为供货商提供了一个专门消化存货的平台，特卖时间有限，且并非当季新品，可以有效避免与实体店冲突，还可以有效提升销售业绩。过了限时抢购时间，特定品牌一周内就会从仓库中撤出，唯品会会在两周内与厂家结算，帮助厂家快速回笼资金。同时还能减轻厂家的资金压力。

那么，这种饥饿营销策略下的闪购模式究竟有多大的作为呢？消费者们总是乐此不疲地等待着自己喜爱的品牌在唯品会上进行折扣活动，积极参与到闪购之中，如女装品牌Lily就曾创下24小时内超过4万件的销售记录。"闪购"策略可以让唯品会在广告上非常"吝啬"，却不影响消费者的到达率。其仅通过SNS(社交网络服务)平台、鼓励会员向朋友推荐等简单的推广，就实现了超过2000万注册用户的规模，年销售额超过40个亿。如此多的消费者参与，表明闪购的确是一种极为吸引人的折扣商品营销手段。

三、完善的配套服务，真正吸引和留住顾客

依靠"正品低价"的口号和"限时抢购"的模式，唯品会吸引了千万用户注册消费，然而对保证消费者的持续消费，这两点却还不足够。除了形式上的创新，完善的配套服务组合也成为其打造"回头客"的关键。

以物流环节为例，曾经一个法国企业家看到中国有如此巨大的品牌消费市场，便将法国的VP商业模式原封不动地照搬到中国来，在上海开办了一家名为芭芭BRAIN的品牌折扣网站，结果该店于2010年夏天宣布倒闭。这家折扣网站不受消费者欢迎的一个非常重要的原因在于其过长的配送时间。Vente-privee运作模式是首先确认网上订单，再通知品牌商发货，因此从下单到发货前后时间长达10天之久，然而中国的消费者缺乏耐性的特点决定这种模式在中国很难行得通。西方人选择网购，相对较少在意货什么时候到，但在中国就不行，国人比较着急，光是卖得快还不行，发货也必须非常快。而这一点，也正如淘宝上很多差评的产生都是源自物流环节的问题一样。笔者在中国电商平台的争战中，相对更看好京东也是因为其良好的购物体验和更为快捷的物流。物流运作可以说是中国电商比拼输赢的关键节点，完善的物流体系成为核心竞争力之一，唯品会没有采用厂商直接发货的模式，而是选择了自有仓储模式，有效加强了对物流环节的控制力度，大大提升了发货的效率。如果依靠厂商直接发货，唯品会就无法有效地对物流环节的服务进行掌控，厂商发货慢、快递公司服务差等并非自身的原因很有可能会影响到唯品会的形象，而自主管理派送则有效地降低了这种风险。

另外，让很多消费者对于网络购物有所顾虑的原因在于退换货问题，特别是对于这种短时间内做出的购买决定，样子不喜欢、尺码不合适等问题都让消费者感到纠结。唯品会为顾客提供了相对完善的退货体系，除了贴身产品，几乎所有的商品都能够7天无条件退货，在满足相关要求时连退货所产生的运费都不用消费者掏腰包，申请退货的流程也非常简便，在网上能够很快完成操作。除此之外，唯品会还融入SNS模式，为会员提供品牌订阅、购物分享、邀请朋友、积分换礼等丰富的功能，将其打造成集购物、交友于一身的新型购物网站，为顾客提供了一个舒畅的购物环境。

正是因为唯品会为消费者提供了一个完善的配套服务，创造了一个没有后顾之忧的网络购物环境，消费者在有过一次购物经历后仍愿意在唯品会进行再次消费，并逐步形成顾客粘性。拥有大量具有高粘性的用户后，这些用户与朋友之间的口口相传成为免费却最高效的广告，SNS平台更是加快了这种口碑营销的速度，迅速为唯品会赢得了更多的新顾客。

（资料来源：https://www.chinapp.com/genzong/55231。）

请分析讨论：

1.唯品会采用了何种竞争策略？该策略运用需要哪些条件？

2.唯品会是如何保证竞争策略实施的？

参考答案

【名词解释】

1. 总体战略：主要决定企业在哪些领域开展活动、经营范围的选择和资源如何配置任务。由企业高层负责制定、落实。

2. "市场增长率-相对市场占有率"矩阵：以市场增长率和相对市场占有率为坐标，将企业业务分为明星业务、奶牛业务、瘦狗业务和问号业务四种。

3. "多因素投资组合"矩阵：企业对每个战略业务单位，都从市场吸引力和竞争能力两个方面进行评估。市场吸引力取决于市场大小、年市场增长率、历史的利润率等。

4. 成本领先战略：企业通过降低自己的生产和经营成本，以低于竞争对手的产品价格，获得市场占有率，并获得同行业平均水平以上的利润。

5. 差异化战略：通过依托于产品及设计、工艺、品牌、特征、款式和服务等方面或几个重要的关键点，与竞争者相比具有更显著并能为顾客感知的独到之处的战略。

6. 集中战略：经营活动集中于某一特定的购买群体、产品线的某一部分或某一地域市场，通过为这个小市场的购买者提供更好的服务获得竞争优势的一种战略。

【单项选择题】

1. C　2. B　3. B　4. D　5. C　6. B　7. D　8. B　9. A　10. B

11. A　12. C　13. D　14. D　15. C　16. C　17. B　18. A　19. C　20. A

【多项选择题】

1. ABD　2. CD　3. ABC　4. BCE　5. ABDE

6. BDE　7. ABCE　8. ABD　9. BC　10. ABCDE

【判断题】

1. ×　2. √　3. √　4. ×　5. √　6. √　7. ×　8. √　9. ×　10. √

【简答题】

1. 怎样用波士顿矩阵对企业的战略业务单位进行评价？

答：波士顿矩阵用"市场增长率—相对市场占有率"来对战略业务单位加以分类和评价。矩阵图中的纵坐标表示企业的各战略业务单位的年市场增长率，横坐标代表相对市场占有率，即企业各战略业务单位的市场占有率与同行业最大的竞争者的市场占有率之比。企业业务单位分为明星类、奶牛类、问号类、瘦狗类四种类型。

2. 战略制定的过程是怎么样的？

答：战略计划过程，又称战略管理过程。它是指企业的最高管理层通过制定企业任务、目标、业务组合计划和新业务计划，在企业的目标、资源、能力与迅速变化的经营环境之间发展和保持一种切实可行的适应战略的管理过程。也就是说，战略计划过程是企业及其各业务单位为生存和发展而制定长期总战略所采取的一系列重大步骤，包括规定企业使命，确定企业目标，安排业务组合，制订新业务计划。

3.业务战略单位具有哪些特征?

答:业务战略单位具有如下特征:

(1)是单独的业务或一组有关的业务。

(2)有不同的使命。

(3)有竞争者。

(4)有认真负责的经理。

(5)掌握一定的资源。

(6)能从战略计划得到好处。

(7)可以独立计划其他业务。

4.企业实现密集增长的方式有哪些?

答:企业实现密集增长的方式有市场渗透战略、市场开发战略、产品开发战略。

5.成本领先战略适用于哪些情况?

答:行业内的价格竞争非常激烈;行业内的产品基本上符合标准;顾客对价格的敏感程度高;顾客的转换成本很低。

【案例分析题】

1.唯品会采用了何种竞争策略?该策略运用需要哪些条件?

答:唯品会主要采用了差异化竞争策略,填补市场空白。这种策略主要适用于:差别化创造途径多样,有价值;产品需求和使用呈现出多样性;采用类似差别化途径的竞争对手少;技术变革很快,不断推出新产品。

2.唯品会是如何保证竞争策略实施的?

答:唯品会在保证竞争策略的实施上主要采取了以下措施:

(1)"闪购"模式进行饥饿营销,让消费者长期对唯品会的折扣商品保持高度的新鲜感和兴奋度。

(2)完善的售后服务体系让消费者免去了后顾之忧,使他们大胆地投入到抢购活动中去,并向朋友进行推荐。

(3)为各个品牌商提供了一个体面地处理库存的平台,解决供货商自身所面临的问题,从而保证了货源的供给。

(4)大力宣传"正品低价",并借助SNS平台进行推广,鼓励会员向朋友推荐。

第四章　市场营销环境

一、学习目标

通过本章的学习，了解市场营销环境的定义、内涵和特征；熟悉每种市场营销环境的构成，掌握市场营销环境的分析和评价方法，能熟练运用并进行现实分析；掌握企业面对威胁与机会的对策。

二、重点内容

(一)市场营销环境

1. 市场营销环境定义

市场营销环境是存在于企业营销系统外部的不可控制或难以控制的各种影响企业营销活动及其目标实现的外部条件、因素和力量。

2. 市场营销环境内涵

市场营销环境主要包括宏观营销环境和微观营销环境。

3. 市场营销环境特点

市场营销环境特点主要是客观性、多变性、差异性和相关性。

(二)宏观营销环境

1. 宏观营销环境定义

宏观营销环境是指对企业营销活动制造市场机会和环境威胁的主要社会力量。

2. 宏观营销环境的构成

宏观营销环境包括人口环境、经济环境、自然环境、科学技术环境、政治法律环境、社会文化环境。

(1)人口环境：人口总量、年龄结构、人口性别、家庭组成、地理分布等。

(2)经济环境：消费者收支状况、消费者储蓄与信贷、宏观经济形势、通货膨胀与通货紧缩等。

(3)自然环境：生态环境、资源状况、环境保护等。

(4)科学技术环境：产品生命周期、新技术等。

(5)政治法律环境:政治环境、法规、法令和条例等。

(6)社会文化环境:教育水平、消费潮流、消费习俗、价值观念、宗教信仰等。

(三)微观营销环境

1.微观营销环境定义

微观营销环境是指与企业紧密相连,直接影响企业营销能力的各种因素。

2.微观营销环境的构成

微观营销环境主要包括供应商、营销中介、顾客、竞争者和公众。

(1)供应商。主要考虑供应商的资信状况;避免依赖单一供应商,建立供应多渠道。

(2)营销中介。研究适宜本企业产品的分销方式和中介机构;设计贷款回收方案;进行分销渠道管理。

(3)顾客。研究消费品市场、工业品市场、中间商市场、政府等不同类型顾客的需要,了解需要的差异,把握需要的变化趋势。

(4)竞争者。辨别谁是竞争者,谁是现实的和潜在的竞争对手;确认竞争者的目标战略;了解竞争者的目标;判断竞争者的反应模式,从而选择对策。

(5)公众。公众主要包括融资公众、媒介、政府、群众团体、地方公众、一般公众、内部公众。

(四)环境分析与评价

1.外部环境扫描

召集、聘请专家和有关人员调研、预测,将有可能影响企业经营的环境因素变化引起的事件一一罗列并评审其依据,从中筛选一致认定的对企业经营有一定影响的事件。其目的在于发现机会与威胁。

(1)环境威胁:环境中不利于企业营销的因素及其发展趋势。

(2)市场机会:环境变化形成的对企业营销活动富有吸引力和存在利益提升空间的领域。

2.环境评价

甄别出环境中对企业产生影响的各种市场因素后,需要对这些影响因素的影响程度与影响方式进行评价。

(1)威胁分析。用矩阵表示威胁情况,有两个方面:一是威胁的潜在严重性,即影响程度,分为大和小不同情况;二是威胁出现的可能性,即出现概率,分为高和低不同情况。

(2)机会分析。用矩阵表示机会情况,有两个方面:一是机会潜在的吸引力,即盈利性,分为大和小不同情况;二是成功的可能性,分为大和小不同情况。

(3)综合分析。根据威胁和机会综合得分,将高机会水平、低威胁水平业务称为理想业务,将高机会水平、高威胁水平业务称为风险业务,将低机会水平、低威胁水平业务称为成熟业务,将低机会水平、高威胁水平业务称为困难业务。

(五)企业营销对策

对理想业务,必须抓住机会,迅速行动;对风险业务,应全面分析自身的优势与劣势,扬长避短,创造条件,争取突破性的发展;对成熟业务,将其作为常规业务,用以维持企业的正常运转,并为开展理想业务和风险业务准备必要的条件;对困难业务,要么努力改变环境,走出困境或减轻威胁,要么立即转移,摆脱无法扭转的困境。

课后练习

【名词解释】

1. 市场营销环境　2. 宏观市场环境　3. 微观市场环境　4. 环境威胁　5. 市场机会

【单项选择题】

1. 企业经过努力可以程度不同地加以影响和控制的是(　　)。

A. 宏观环境因素　　B. 微观环境因素

C. 宏观环境中的一些因素　　D. 微观环境中的一些因素

2. 影响消费需求变化的最活跃的因素是(　　)。

A. 个人可支配收入　　B. 可任意支配收入

C. 个人收入　　D. 人均国内生产总值

3. 市场营销活动的最终归属是(　　)。

A. 消费者　　B. 生产者

C. 市场　　D. 人

4. 不属于宏观环境的因素是(　　)。

A. 人口环境　　B. 经济环境

C. 竞争　　D. 技术环境

5. (　　)主要指一个国家或地区的民族特征、价值观念、生活方式、风俗习惯、宗教信仰、伦理道德、教育水平和语言文字等的总和。

A. 社会文化　　B. 政治法律

C. 科学技术　　D. 自然资源

6. 向企业及其竞争者供应原材料、部件、能源、劳动力等资源的企业和个人被称为(　　)。

A. 中间商　　B. 供应商

C. 广告商　　D. 经销商

7. (　　)指人们对社会生活中各种事物的态度和看法。

A. 社会习俗　　B. 消费心理

C. 价值观念　　D. 营销道德

8. 企业的营销活动不可能脱离周围环境而孤立地进行，企业营销活动要主动地去(　　)。

A. 控制环境　　B. 征服环境

C. 改造环境　　D. 适应环境

9. 生产电视机的企业与生产电脑的企业是(　　)。

A. 一般竞争者　　B. 行业竞争者

C. 品牌竞争者　　D. 属类竞争者

10. 下列哪项不是营销环境的特征?( )

A. 客观性　B. 多变性

C. 差异性　D. 不变性

11. 市场营销环境中的( )被称为一种创造性的毁灭力量。

A. 政治法律　B. 自然资源

C. 社会文化　D. 新技术

12. 代理中间商属于市场营销环境的( )因素。

A. 内部环境　B. 外部宏观环境

C. 微观营销环境　D. 公众环境

13. 影响消费需求变化的最活跃的因素是( )。

A. 个人收入　B. 国内生产总值

C. 个人可支配收入　D. 人均国内生产总值

14. 我国南北方人民在食品口味上存在着很大的差异,导致对食品需求也不同,这属于( )因素。

A. 人口环境　B. 自然环境

C. 经济环境　D. 社会文化环境

15. ( )主要指协助企业寻找顾客或直接与顾客进行交易的商业组织和个人。

A. 供应商　B. 制造商

C. 中间商　D. 广告商

16. 运用 SWOT 分析模型对某企业外部环境及内部能力进行分析后,发现该企业外部有众多的机会,又具有强大的内部优势,那么该企业宜采用( )。

A. 防御型战略　B. 扭转型战略

C. 增长型战略　D. 多元经营战略

17. 下列哪个不是营销中介?( )

A. 中间商　B. 物流机构

C. 营销服务机构　D. 慈善机构

18. 下列哪项不是企业多角化成长战略?( )

A. 水平多角化　B. 同心多角化

C. 纵向多角化　D. 综合多角化

19. 恩格尔定律表明,随着消费者收入的提高,恩格尔系数将( )。

A. 越来越小　B. 保持不变

C. 越来越大　D. 趋近于零

20. 水果、冰淇淋、饮料、糖果企业之间的竞争被称为( )。

A. 愿望竞争　B. 类别竞争

C. 产品形式竞争　D. 品牌竞争

【多项选择题】

1. 物质自然资源是指自然界提供给人类各种形式的物质财富,一般可分为( )。

A. 无限资源　B. 更新的资源

C. 有限但可以更新的资源　　D. 有限但不可再生资源

E. 再生资源

2. 企业的营销环境中，属于经济环境的有(　　)。

A. 经济发展阶段　　B. 地区与行业的经济发展

C. 购买力水平　　D. 家庭人口状况的变化

E. 环境保护、资源开发利用方面的法律

3. 辅助商是辅助执行中间商的某些职能，为商品交换和物流提供便利，但不直接经营商品，以下属于辅助商的是(　　)。

A. 商人中间商　　B. 运输公司

C. 银行　　D. 保险公司

E. 广告公司

4. 科学技术的迅速发展和应用对营销组合策略的产品策略的影响表现在(　　)等方面。

A. 新产品开发的时间在缩短　　B. 产品价格升高

C. 产品更新换代加快　　D. 产品竞争加剧

E. 生命周期在缩短

5. 微观营销环境指与企业紧密相连，直接影响企业营销能力的各种参与者，包括(　　)。

A. 企业本身　　B. 市场营销渠道企业

C. 顾客　　D. 竞争者

E. 公众

6. 研究人口环境时，经常分析(　　)因素。

A. 人口规模　　B. 人口分布

C. 人口购买力　　D. 人口流动趋势

7. 替代品造成的威胁与哪些因素有关？(　　)

A. 替代品数量　　B. 替代品质量

C. 替代品价格　　D. 替代品种类

8. 竞争对手造成的威胁与哪些因素有关？(　　)

A. 同行数量　　B. 同行产品价格

C. 同行营销策略　　D. 同行研发能力

9. 下列人群哪些属于公众范畴？(　　)

A. 政府　　B. 记者

C. 职工　　D. 银行

10. 决定卖家议价能力的因素有(　　)。

A. 卖家数量　　B. 卖家知名度

C. 卖家规模　　D. 卖家供货能力

【判断题】

1. 微观环境与宏观环境之间是一种并列关系，微观营销环境并不受制于宏观营销环

境，各自独立地影响企业的营销活动。（　　）

2. 市场营销环境是一个动态系统，每一个环境因素都随着社会经济的发展而不断变化。（　　）

3. 面对目前市场疲软、经济不景气的环境威胁，企业只能等待国家政策的支持和经济形势的好转。（　　）

4. 市场营销目标是为总目标服务的次级目标，它从属于企业总目标。（　　）

5. 顾客也是企业首要的环境因素。（　　）

6. 消费者只有既想买，又买得起，才可能产生购买行为。（　　）

7. 在经济全球化的条件下，国际经济形势也是企业营销活动的重要因素。（　　）

8. 许多国家政府对自然资源管理的干预有日益加强的趋势，这意味着市场营销活动将受到一定程度的限制。（　　）

9. 科学技术的发展给企业营销活动既带来发展机遇又造成不利的影响。（　　）

10. 道德对市场营销的影响多半是通过直接的方式来进行的。（　　）

【简答题】

1. 微观环境分析应包括哪些内容？

2. 市场营销环境对企业的重要性体现在什么地方？

3. 简述市场营销环境的构成。

4. 影响消费者支出模式的因素有哪些？它们是怎样影响消费者支出的？

5. 市场营销环境有哪些特点？

【案例分析题】

宁夏旅游市场营销环境分析

一、宁夏旅游经营现状

由于历史原因和区位条件的制约，宁夏旅游目前尚处于全国落后状态。从旅游外汇收入和接待入境旅游人数全国排名看，宁夏均位列全国倒数。抱着金娃娃，旅游收入却微不足道，别说与广东、上海等先进省市比，就是和西部的青海、新疆相比也是小巫见大巫。宁夏旅游资源风格独特，在国内很多方面具有垄断性，浓郁的回族风情，秀丽的塞上风光和“大漠孤烟直，长河落日圆”的雄浑景观交相辉映，构成了宁夏奇特的美景。拥有如此美妙的资源，却长期处于落后状态，宁夏旅游的症结何在？

除了地方知名度低，经济基础差，地方财政困难，旅游投入少，管理体制落后，旅游可进入性差，缺乏有强吸引力的景点等客观原因外，在营销方面存在很多不足：宁夏旅游市场的市场化运作程度较低；旅游促销缺乏力度；宁夏缺乏清晰鲜明、富有个性的旅游形象；旅游形象口号缺乏市场冲击力。

二、宁夏旅游市场营销环境分析

（一）经济背景分析

中国经济发展的最大特点就是东西部发展不平衡，西部经济发展落后，作为西部省区市之一的宁夏回族自治区也是经济发展落后的地区，GDP和财政收入在全国处于滞后状态。经济发展滞后的现状，使宁夏的各项基础设施的建设也大大落后于东部地区，财政状况的紧张使旅游投入变得捉襟见肘，各旅游景点的硬件显得过于简陋，较少的旅游收入掐断了整体规划的咽喉，各种配套服务设施长期得不到健全和改善，再加上品牌推广费用拿不出来，宁夏旅游的形象一直树立不起来，旅游经济的拉动作用一直没有显现。

（二）文化背景分析

宁夏的文化与全国相比独具特色，充分反映了西北文化粗犷的特征。宁夏文化的第一个特点是西夏文化的遗存，西夏文化虽有神秘的党项民族特点，但实际上又承袭和借鉴了汉族的典章制度和文化，在北方少数民族和中原汉族文化的交流中起过重要作用；宁夏文化的第二个特点就是回族伊斯兰风情，伊斯兰文化与中国传统文化经过一系列的深层接触、对话和交融，最终产生了有中国特色的回族伊斯兰文化；第三个文化特点是移民文化特色，宁夏地处西北边陲，在历史上一直是个移民地区，使不同地域的文化相互交融，并积淀了一种新的文化特色——移民文化；第四方面的特色，就是宁夏的人文特色中含有很强烈的边塞风格，蕴藏在其后的历史文化散发出的高亢硬朗的风格。上述种种人文特色相互交织，相互映衬，使宁夏的人文景观显示出奇特壮丽的特征，宁夏的文化反映出宁夏历史的变化与不同民族的融合过程。宁夏文化的多重性，对宁夏政治、经济、文化、社会发展产生了深刻的影响。

提炼宁夏文化的现代价值，整合宁夏的旅游资源，为当地经济发展服务，是时代赋予宁夏人的历史使命。

（三）国内旅游市场竞争分析

国内旅游市场正处于高速发展期，随着各地政府对旅游认识的不断深化，旅游市场的竞争也日趋激烈。全国有30个省区市将旅游作为先导产业、优势产业、支柱产业或重点产业、新的经济增长点来培育，西部12个省区市都将旅游列为主导产业或支柱产业。

近几年，旅游逐渐从贵族消费向平民消费过渡，大众旅游需求快速增长，国内旅游市场日益火爆。目前国内旅游发展出现了以下趋势。

(1)传统的观光旅游由历史文化圣地观光向自然风景区观光转变，由传统风景区向新开发旅游区转变。

(2)生态游、民俗风情游、休闲度假游、教育游成为旅游新时尚。

(3)国内旅游流向逐渐由南向北、由东向西，由“热线”向“温冷线”转移。

（四）宁夏旅游资源分析

1. 自然资源

宁夏处于东部季风区域与西北干旱区域的过渡地带，地理地貌具有山地迭起，平原错落，丘陵连绵，沙丘、沙地、湖泊散布，地表形态复杂多样等特征。自然条件的过渡性、多样性造就了塞上自然旅游资源的多样性，孕育出宁夏气象万千、名贯古今的自然景观。归纳而言，宁夏自然景观大致可以分为以下几类。

(1)大川名湖：滔滔黄河，险奇的黑山峡，浩渺的青铜峡水库，芦苇丛丛、沙山掩映的沙湖，奇峭幽深的泾河老龙潭。

(2)奇峰险山：贺兰山、六盘山、罗山的峰峦叠嶂和万树苍松。

(3)独特地貌：须弥山-火石寨-扫竹岭的丹霞地貌。

(4)珍禽异兽，奇花异草：国家一级、二级珍贵动物50多种，大量的野生植物。

(5)大漠风光：茫茫的腾格里沙漠和沙海明珠沙坡头。

2.人文资源

宁夏地处中原文化与草原文化的过渡地带，亦是河套文化与丝路文化的交融区。自古至今，中原文化与北方游牧文化的碰撞与融合，形成的古老深远的黄河文化、特色鲜明的伊斯兰文化、独一无二的西夏文化、独具特色的移民文化与浓郁粗犷的边塞文化共聚在宁夏这块神奇的土地上。宁夏地域文化浓缩性地向我们展现了宁夏从古至今的历史全景。西夏不但留下了西夏王陵、承天寺塔、拜寺口双塔、贺兰县的宏佛塔、青铜峡108座塔等遗迹，还留下了轰动世界的西夏学；回族的风俗习惯如婚丧嫁娶、饮食起居都有着深深的伊斯兰教印记，还有回族伊斯兰文化最突出、最集中也最直观的体现——清真寺，已形成了宁夏一个独特的人文景观；宁夏文化中的边塞风格非常明显，长城、鼓楼都是边塞文化的印记。总之，宁夏这块弹丸之地上汇聚了丰富多彩的人文旅游资源，大致包括以下几类。

(1)古文化遗址：旧石器时代的水洞沟文化遗址、战国秦长城、明长城。

(2)王朝古都：历史文化名城——西夏古都银川。

(3)陵寝墓葬：西夏王陵、北周李贤墓。

(4)石窟：须弥山石窟、石门关遗址、扫竹岭、禅佛寺石窟。

(5)宗教圣地：同心清真大寺、银川南关清真大寺、永宁纳家户清真寺、银川海宝塔、青铜峡108座塔。

(6)革命遗址：单家集、将台堡、六盘山等红军长征纪念地。

(7)回族穆斯林风情：回族的宗教活动、独特的婚丧礼仪、绚丽多姿的民间艺术、风味独特的清真食品、伊斯兰建筑。

类型多样的自然景观，独特历史环境造就的人文景观和民族风情，绚丽多彩、兼收并蓄的多元文化特色构成了宁夏丰富多彩而又富有鲜明特色的旅游资源，全国10大类、95种基本类型的旅游资源中，宁夏有8大类、46种。具体分类，宁夏旅游资源总体上表现为15大旅游景观系列：黄河多样性景观系列，贺兰六盘山岳景观系列，不同类型共聚的湖泊水体景观系列，沙漠景观系列，草原景观系列，森林公园与自然保护区系列，古长城及丝路系列，西夏文化与遗存胜迹的秘境系列，回族风情系列，塞上江南田园农业生态系列，古人类遗址景观系列，古建筑遗存系列，古今灌溉系统系列，当代宁夏风貌系列，宁夏特产风味佳肴系列。

（资料来源：http://www.chinaadren.com/html/file/2009-1-18/2009118222317_3.htm。）

请分析讨论：

1.请分析宁夏旅游市场营销环境面临的威胁与机会、自身的优劣势。

2.请根据宁夏旅游市场营销环境分析的结果，提出宁夏旅游市场营销问题的解决策略。

参考答案

【名词解释】

1. 市场营销环境:存在于企业营销系统外部的不可控制或难以控制的各种影响企业营销活动及其目标实现的外部条件、因素和力量。

2. 宏观市场环境:对企业营销活动制造市场机会和环境威胁的主要社会力量。

3. 微观市场环境:与企业紧密相连,直接影响企业营销能力的各种因素。

4. 环境威胁:环境中不利于企业营销的因素及其发展趋势。

5. 市场机会:环境变化形成的对企业营销活动富有吸引力和存在利益提升空间的领域。

【单项选择题】

1. D 2. A 3. A 4. C 5. A 6. B 7. C 8. D 9. D 10. D

11. D 12. C 13. C 14. D 15. C 16. C 17. D 18. C 19. A 20. B

【多项选择题】

1. ACD 2. ABC 3. ABCDE 4. ACE 5. ABCDE

6. ABD 7. ABCD 8. ABCD 9. ABCD 10. ABCD

【判断题】

1. × 2. √ 3. × 4. √ 5. √ 6. √ 7. × 8. √ 9. × 10. ×

【简答题】

1. 微观环境分析应包括哪些内容?

答:包括企业本身及其市场营销渠道企业、市场、竞争者和各种公众,这些都会影响企业为其目标市场服务的能力。

2. 市场营销环境对企业的重要性体现在什么地方?

答:市场营销环境对企业的重要性体现在环境威胁和市场营销机会。

3. 简述市场营销环境的构成。

答:市场营销环境可分为宏观营销环境和微观营销环境。微观营销环境包括企业、市场营销渠道企业、市场、竞争者、公众。宏观营销环境包括人口环境、经济环境、自然环境、科学技术环境、政治法律环境、社会文化环境。

4. 影响消费者支出模式的因素有哪些?它们是怎样影响消费者支出的?

答:影响消费者支出模式的因素:消费者个人的收入水平、家庭生命周期阶段、消费者家庭所在地点。

(1)消费者支出模式主要受消费者个人的收入水平的影响。随着消费者收入的变化,消费者支出模式就会发生相应的变化。如家庭收入增加,用于购买食品的支出占家庭收入的比重会下降;用于住宅建筑和家务经营的支出占家庭收入的比重大体不变;用于其他方面的支出和储蓄占家庭收入的比重将会上升。

(2)家庭生命周期阶段也会影响消费者支出模式。有孩子与没孩子的年轻人家庭的支出模式有所不同；孩子所处不同年龄阶段的消费者的消费模式也不一样。

(3)消费者家庭所在地点也会影响消费者支出模式。所在地点不同的家庭用于住房、交通、食品等方面的支出情况也有所不同。

5.市场营销环境有哪些特点？

答：市场营销环境具有客观性(环境作为企业外在的不以营销者意志为转移的因素，对企业营销活动的影响具有强制性和不可控性的特点)、差异性(不同的国家或地区之间，宏观环境存在广泛的差异，不同的企业之间，微观环境也千差万别)、多变性(市场营销环境是一个动态系统，构成营销环境的诸因素都随社会经济的发展而不断变化)和相关性(营销环境诸因素之间相互影响、相互制约，某一因素的变化会带动其他因素的连锁变化，形成新的营销环境)。

【案例分析题】

1.请分析宁夏旅游市场营销环境面临的威胁与机会、自身的优劣势。

答：优势：

①文物古迹丰富多彩：境内散布16类70余处文物古迹，包括西夏文化、古丝路文化、长城文化等丰富的历史遗存；

②回族风情浓郁；

③自然风光奇特，大漠、黄河、湖泊、森林并存。

劣势：

①宁夏旅游知名度低；

②旅游项目单一，缺乏强吸引力的旅游精品；

③旅游形象不佳，营销力度不大；

④旅游资源深度开发不够；

⑤区位条件差，距东南沿海主要客源产出地较远，受自然条件的影响；

⑥旅游旺季短、淡季长；

⑦旅游设施欠完善；

⑧旅游服务质量欠佳；

⑨旅游交通条件较差。

机会：

①国内旅游流向由“热线”向“温冷线”转移；

②传统的观光旅游由历史文化圣地观光向自然风景区观光转变，由传统风景区向新开发旅游区转变；

③生态游、民俗风情游、教育游成为旅游新时尚。

威胁：随着西北地区旅游观念的觉醒，西北地区旅游竞争加剧，旅游营销的难度增加。

2.请根据宁夏旅游市场营销环境分析的结果，提出宁夏旅游市场营销问题的解决策略。

答：利用优势抓住机会，并利用机会消除部分劣势。比如，结合当代旅游项目消费需求和当地民俗文化，增设一些传统与现代结合的旅游项目；同时引入民间资本改善基础设施，培训服务人员，提高服务质量；聘请广告公司为其量身定做旅游宣传等。

第五章　市场调查与市场营销信息系统

一、学习目标

通过本章的学习，了解信息的含义与分类；熟悉企业营销信息系统框架，懂得企业市场信息处理流程；理解市场调查与市场预测含义、内容，掌握市场调查与市场预测的主要步骤和主要方法，能在现实问题中熟练运用多种方法进行市场调查与市场预测。

二、重点内容

（一）市场营销信息系统

1. 市场营销信息系统

市场营销信息系统（MIS）由人员、设备和程序构成，对信息进行收集、分类、分析、评估和分发，为决策者提供所需的、及时的和准确的信息。

2. 市场营销信息系统组成

市场营销信息系统主要包括内部报告系统、营销情报系统、营销调研系统和营销分析系统。

（1）内部报告系统。该系统的主要作用是向市场营销管理人员提供有关交易的信息，包括订货数量、销售、成本、存货、应收账款、应付账款等各种反映企业经营状况的信息。

（2）营销情报系统。该系统向管理人员提供正在发生的数据，它是反映营销环境发展状况的各种信息的来源和程序。

（3）营销调研系统。该系统是设计、收集、分析和提供与特定的营销问题相关的数据资料的信息系统，它的主要任务是收集、评估、加工、传递信息，供管理人员制定决策时使用。

（4）营销分析系统。该系统是企业用一些先进的技术来分析市场营销数据和问题的营销信息子系统。完善的营销分析系统，通常由资料库、统计库和模型库三部分组成。

（二）市场营销调研

1. 市场营销调研的含义

市场营销调研：运用科学的方法，有目的、有计划地收集整理和分析有关市场营销方面的信息，获得符合客观事物发展规律的见解，提出解决问题的建议，供营销管理人员了解营销环境，发现机会与问题，从而作为市场预测和营销决策的依据。

2. 市场营销调研的内容

市场营销调研主要包括市场需求情况的调研、产品的调研、价格的调研、促销的调研、销售渠道的调研、营销环境的调研等。

(1)市场需求情况的调研。包括现有顾客需求情况的调研，现有顾客对本企业产品满意程度的调研，现有顾客对本企业产品信赖程度的调研，对影响需求的各种因素变化情况的调研，对顾客的购买动机、购买行为的调研，对潜在顾客需求情况的调研等。

(2)产品的调研。包括产品设计的调研，产品系列、产品组合的调研，产品生命周期的调研，老产品改进的调研，新产品开发的调研等。

(3)价格的调研。包括市场供求情况、变化趋势的调研，影响价格变化各种因素的调研，产品需求价格弹性的调研，替代产品价格的调研，新产品定价策略的调研等。

(4)促销的调研。包括企业的各种促销手段、促销政策的可行性的调研，其中，一般企业较为重视的有广告和人员推销的调研等。

(5)销售渠道的调研。包括中间商应如何选择的调研，如何既满足交货期的需要、又降低销售费用的调研等。

(6)营销环境的调研。包括政治环境、经济环境、科技环境、竞争环境调研等。

(三)市场营销调研的步骤

1. 确定问题与调研目标

明确所要调研的问题，既不可过于宽泛，也不宜过于狭窄，要有明确的界定并充分考虑调研成果的实效性。

2. 拟订调研计划

(1)决定资料的来源和收集资料的方法。市场调研收集的资料一般可分为两种：一种是一手资料，又称原始资料，这是调研人员通过实地调查所获得的资料，其收集的方法有询问法、观察法和实验法三种；另一种是第二手资料，是他人收集并经过整理的资料，这些资料比较容易取得，资料来源包括企业内部和企业外部两个方面。

(2)设计调查表格。如询问表、观察记录表和实验记录表等。

(3)拟订调研方式。调研方式从范围分，可分为普查、重点调查、典型调查和抽样调查。抽样调查方法包括纯随机抽样、机械抽样、类型抽样、整群抽样和判断抽样等。

3. 现场实地调研

这是市场调研的重要部分，也是调研能否成功的关键。为搞好实地调研，一要制订切实可行的调研计划，二要做好现场调研人员的选择和培训工作。

4. 结果处理阶段

(1)整理分析资料。将调查收集到的资料进行整理、统计和分析，可分为编辑、编号、制表、分析等程序。

(2)编写调研报告和追踪。市场营销调研活动的最后工作是根据分析的情况编写调研报告。追踪是指编写调研报告后,调研人员的工作还没有结束,还要追踪了解调研报告是否已被采纳,还需了解建议的采用程度和实际效果,并尽可能地协助业务人员尽早实现报告中提出的建议方案。

(四)市场营销调研方法

1. 询问法

询问法是调查者通过询问被调查者来了解情况、收集资料的调查方法,是最常用的一种调查方法。按调查者与被调查者的接触方式,询问法还可细分为面谈调查法、邮寄调查法、电话调查法、留置调查法等。

2. 观察法

观察法是调查人员或机器在调查现场对调查对象的行为进行直接观察记录,取得第一手资料的一种调查方法。在市场营销活动中,观察法多用于对零售活动、消费者购买习惯与动向、广告效果等方面的研究,具体又可分为以下几种:直接观察法、亲身经历法、行为记录法、实际痕迹观察法等。

3. 实验法

实验法是在给定的条件下,通过实验对比,对市场现象中某些变量之间的因果关系及其发展变化过程加以观察分析的一种调查方法,如产品包装实验、新产品销售实验等。

(五)市场预测

1. 市场预测

市场预测一般是指根据已掌握的信息和资料,依据对市场经济活动规律的认识,运用科学的分析方法,对市场未来的发展趋势做出预计。

2. 市场预测的种类

(1)按预测的范围分,可分为宏观市场预测和微观市场预测。

(2)按预测的时间,可分为长期预测、中期预测、短期预测和近期预测。

(3)按预测结果的要求,可分为定性预测和定量预测。

(4)按预测对象的因素,可分为单项预测和综合预测。

(5)按预测的程度,可分为乐观预测和悲观预测。

(六)市场预测方法

1. 购买者意见调查法

购买者意见调查法是通过直接询问潜在购买者的购买倾向和意见,据以判断销售量的一种预测方法。此法能够直接了解潜在购买者的意向,而他们最清楚自己未来的购买量,因此,如果能获得完整资料,预测的准确性就比较高。此方法多用于需求较稳定的生产资料市场的预测。

2. 销售人员综合意见法

销售人员综合意见法：由企业决策人或基层人员根据对客观情况的分析和自己的经验，对市场需求的情况做出主观判断，预测未来的情况。参加判断人员，可以是企业中主管经营的经理和有关部门主管干部，也可以是企业基层的营业员、推销员及有关的业务人员。

3. 专家意见法

专家意见法：根据专家的经验和判断以求得预测值。具体有三种：小组讨论法、单独预测集中法、德尔菲法。

小组讨论法是召集专家集体讨论，互相交换意见，取长补短，发挥集体智慧，做出预测。

单独预测集中法是由每位专家单独提出预测意见，再由项目负责人员综合专家意见得出结论。

德尔菲法是通过发函询问的方式进行预测。其具体做法是，向选择的预测专家分别发函或调查表，提出问题，并提供进行预测的各种资料，要求专家背靠背地按照自己的想法提出预测意见，预测组织者把专家们的意见汇集、整理好之后，再把不同的意见及其理由反馈给每位专家，这样多次反复整理，逐步缩小各种不同意见的差距，得到基本上趋于一致的预测结果。

4. 市场试验法

市场试验法是指在新产品投放市场或老产品开辟新市场、启用新分销渠道时，选择较小范围的市场推广产品，观察消费者反应，预测销售量。该方法时间长、费用大，因而多用于投资大、风险高和有新奇特色产品的预测。

5. 时间序列预测法

时间序列预测法是搜集与整理预测事物的过去资料，从中找寻过去该事物随时间而演变的趋势，把它用数学模型表示出来，然后用此模型从事预测。利用此法对市场商品供给、需求和销售进行不同时期的预测，是市场预测的一个重要方法。时间序列预测的具体方法很多，下面介绍几种常用方法。

(1)简单平均法。此法是以历史时期实际销售量的平均值作为预测值，也称“算术平均法”。此法优点是简单易行，缺点是将远期销售量和近期销售量等同看待，而未能充分反映市场需求趋势的变化，故在市场有上升、下降等周期性变化时，预测的准确性较低。

(2)算术移动平均法。此法是把过去若干时期实际销售量相加，求其算术平均值，并随时间向后移动，根据近期的销售量的新数据不断修改平均值，并将其作为预测期的销售量。此法所选择的期数主要根据历史资料来具体决定，要包括足够的期数，以抵消随机波动的影响，但期数又不能过多，要除去早期的、作用不大的数据。

(3)加权算术平均法。它是利用过去若干个按照发生时间顺序排列起来的同一变量的观测值并以时间顺序数为权数，计算出观测值的加权算术平均数，以这一数字作为预测未来期间该变量预测值的一种趋势预测方法。权重的确定是按照“近重远轻”的原则进行的，对接近预测期的数据赋予较大的权重，而对远离预测期的数据赋予较小的权重。

(4)加权移动平均法。加权移动平均法是对观察值分别给予不同的权数,按不同权数求得移动平均值,并以最后的移动平均值为基础,确定预测值的方法。采用加权移动平均法,是因为观察期的近期观察值对预测值有较大影响,它更能反映近期市场变化的趋势。

6. 趋势预测法

此法的主要特点是运用市场商品需求与供应的历史资料,从大量的统计数字中找出其倾向变动线,并运用适合的数学模型,从而预测下期的市场商品需求与供应的数量。

预测的基本步骤是:根据历史统计资料编制时间数列,然后将数列绘成相应的图形,一般分为直线趋势和曲线趋势;选择一定的方法,并配合合适的数学模型,从而预测未来的发展趋势。

7. 统计需求分析法

统计需求分析法是指运用一整套统计学方法,发现影响企业销售的最重要的实际因素及其影响力大小的方法。一般将销售量视为一系列独立的需求变量的函数。

课后练习

【名词解释】

1. 市场营销信息系统　2. 市场营销调研　3. 市场信息　4. 询问法　5. 观察法　6. 实验法　7. 市场预测

【单项选择题】

1. 作为市场预测和决策依据的方法为(　　)。

A. 公共关系　　B. 市场营销
C. 倾听　　D. 市场调研

2. 企业为了弄清市场变量之间的因果关系，收集有关市场变量的数据资料，运用统计分析和逻辑推理等方法，判明变动原因和结果以及它们变动的规律，这是属于(　　)。

A. 定期性调研　　B. 因果关系调研
C. 探测性调研　　D. 描述性调研

3. 用来收集第一手资料的主要工具是(　　)。

A. 乱数表　　B. 统计年鉴
C. 调查问卷　　D. 计算机

4. (　　)是收集原始资料的最主要的方法。

A. 市场观察　　B. 询问法
C. 收集因果方面信息　　D. 专家调查

5. “订单—发货—账单”的循环是(　　)的核心。

A. 营销情报系统　　B. 营销分析系统
C. 内部报告系统　　D. 营销调研系统

6. 抽样时，对全体中的各个个体不做任何有目的的选择，使每个个体有相等的中选机会，这样的抽样方法叫(　　)。

A. 机械抽样　　B. 整群抽样
C. 分层抽样　　D. 简单随机抽样

7. 企业在情况不明时，为找出问题的症结，进一步明确调研内容和重点，通常要进行(　　)。

A. 探测性调研　　B. 描述性调研
C. 因果性调研　　D. 预测性调研

8. 电话调查是一种非常省力、省时的直接调查方法，但它的问题是(　　)。

A. 代表性差　　B. 访问量少
C. 费用太大　　D. 沟通不畅

9. 专家小组为技术含量高的新产品做上市前的预测，常用的方法是(　　)。

A. 简单平均法　　B. 算术移动平均法
C. 加权算术平均法　　D. 加权移动平均法

10. 市场调查就是收集、整理和分析与市场营销有关的资料和数据，其收集数据的程序必须系统，收集数据的态度必须是(　　)。

A. 详尽的　　B. 认真的

C. 客观的　　D. 谨慎的

11. 典型的市场营销调研首先从(　　)阶段开始。

A. 制订调研计划　　B. 分析调研资料

C. 明确问题　　D. 组织实施计划

12. 下列哪项不是焦点小组座谈法的特点？(　　)

A. 真实　　B. 成本高

C. 回收率低　　D. 形式灵活

13. 所谓(　　)就是将总体按有关的标志分组，然后再从每组中按随机原则抽取样本的调查方式。

A. 等距抽样　　B. 整群抽样

C. 分层抽样　　D. 任意抽样

14. 所谓(　　)就是先将总体按某种结构特征分组，并按一定的标准分配各组的样本数额，在规定限度内由调研人员任意抽取样本。

A. 分层抽样　　B. 整群抽样

C. 配额抽样　　D. 任意抽样

15. 下列不属于定量预测方法的是(　　)。

A. 加权移动平均法　　B. 购买者意见调查法

C. 移动平均法　　D. 指数平滑法

16. 访问调查的主要缺点是(　　)。

A. 回答率较低，不能使用复杂的问卷，对调查人员难以控制

B. 回答率较低，调查结果不准确，不能使用较复杂的问卷

C. 调查成本较高，对调查人员难以控制，受访者有一定心理压力

D. 调查成本较高，调查结果不准确，对调查人员难以控制

17. 统计商店顾客流量时，由于顾客拥挤产生数不准的问题而产生的误差属于(　　)。

A. 一般性的调查误差　　B. 组织工作失误造成的误差

C. 工作质量问题引起的误差　　D. 抽样误差

18. 在一次小组访谈中，小组成员的选择应以(　　)为佳。

A. 不同质　　B. 同质

C. 交叉　　D. 随意

19. 关于市场信息说法错误的是(　　)。

A. 市场信息包含市场体系及其各种影响因素

B. 市场信息是反映市场的经济现象及活动的资料和数据

C. 市场信息是市场体系及其影响因素的存在方式和运动状态

D. 市场信息是有价值的情报、资料和消息

20. 实行消费者持续调查，要求在持续调查过程中（　　）。

A. 样本隔段时间变换一次，更换比较小

B. 样本隔段时间变换一次，全部更换样本

C. 样本固定不变，持续下去

D. 样本隔段时间变换一次，更换比较大

【多项选择题】

1. 市场调研计划的内容主要包括（　　）。

A. 抽样计划　　B. 接触方法

C. 资料来源　　D. 调研方法

E. 调研工具

2. 进行市场营销调研的主要步骤有（　　）。

A. 收集信息　　B. 确定问题

C. 制订调研计划　　D. 确定调研目标

E. 确定费用预算

3. 市场营销信息系统由（　　）所构成。

A. 内部报告系统　　B. 营销情报系统

C. 营销调研系统　　D. 营销分析系统

4. 德尔菲法具有不同于其他定性预测法的显著特点，如（　　）。

A. 专家匿名　　B. 信息反馈

C. 收敛量化　　D. 理解信息

E. 接触方法

5. 市场调查中我们一般不用普查的方法，而用抽查的方法，因为普查方法（　　）。

A. 可靠性差　　B. 时效性差

C. 市场不好　　D. 调查费高

E. 调查不全面

6. 营销信息的分析一般有以下哪几种情况？（　　）

A. 探测性分析　　B. 描述性分析

C. 因果性分析　　D. 回顾性分析

E. 预测性分析

7. 市场调研的内容包括（　　）。

A. 产品的调研　　B. 价格的调研

C. 分销的调研　　D. 促销的调研

E. 消费者的调研

8. 主要用于第一手资料收集的调查方法有（　　）。

A. 文案法　　B. 访问法

C. 观察法　　D. 实验法

9. 市场调研过程的主要阶段有（　　）。

A. 调研项目的确立

B. 调研方案及计划的制定阶段

C. 调研资料的收集

D. 问卷复核阶段

E. 调研结果的处理

10. 定性预测方法主要有(　　)。

A. 专家预测法

B. 购买者意见调查法

C. 销售人员综合意见法

D. 经理意见评测法

E. 指数平滑法

【判断题】

1. 一般来说,探测性调研要进行实地调查,收集第一手资料。(　　)

2. 随着行业用于市场营销的费用增加,刺激消费的力度加大,但市场需求不会无限地增长。(　　)

3. 企业销售预测是制订市场营销计划或者是确定市场营销努力水平的基础。(　　)

4. 抽样调查通常比普查在人力、物力、财力方面的开支大,所需要的时间长。(　　)

5. 进行市场调查收集第一手资料通常花费较大、周期长,但是能掌握市场的即时信息。(　　)

6. 市场需求预测即是凭借预测者的经验和感觉对未来市场需求量的猜测。(　　)

7. 通常来说,描述性调研主要是收集、整理和分析第二手资料。(　　)

8. 市场潜量与经济的繁荣或者衰退有关。(　　)

9. 在对地区市场潜量进行预测时,购买者意见调查法多为生产大型商品的企业所采用。(　　)

10. 在人数一定的情况下,收入水平很大程度上决定了市场规模和容量的大小。(　　)

【简答题】

1. 市场营销信息系统的构成有哪几部分?

2. 市场营销调研工作包含哪些基本步骤?

3. 什么是市场需求?它与营销之间存在什么关系?

4. 市场潜量与企业潜量之间的区别是什么?

5. 抽样调查的方法有哪些?

【案例分析题】

罗佛尔的彩色灯泡套为什么没有打入中国市场

年轻的罗佛尔先生是欧洲某国一家小型公司的总经理。他的公司在生产和销售一种彩色橡胶灯泡套,它是用一种耐高温、抗老化的透明合成橡胶制成的,具有各种不同的颜色。将它套在普通白炽灯泡或者日光灯管上,普通白炽灯泡或日光灯就成了彩灯。而且,有了彩色橡胶灯泡套的保护,可以防止碰撞和潮湿漏电,能够显著地延长普通白炽灯或日光灯管的寿命。因此,彩色橡胶灯泡套适合用于酒店、饭馆、商店等场合。它还特别适合用于公众节日时广场、街道的露天灯光装饰。有了彩色橡胶灯泡套,一个普通灯泡就可以具有多种用途,既可以作普通照明灯泡用,又可以作装饰灯泡用,甚至还可以通过套用不同的颜色的彩色橡胶灯泡套,使一个普通灯泡变成多个彩色灯泡。一般来说,彩色灯泡或者灯管的价格是普通白炽灯或者日光灯管价格的2～3倍,而彩色橡胶灯泡套的价格却只有普通灯泡的五分之一。所以,彩色橡胶灯光套在市场上销路不错。

罗佛尔先生也是一位颇有开拓精神的企业家。他认为,作为世界上人口最多的国家,正在实行改革开放政策的中国也许是他的彩色橡胶灯泡套的最理想的市场。他便委托一家与中国有良好的业务关系的咨询公司协助他进行彩色橡胶灯泡套在中国的市场分析。经过与咨询公司信息部职员的多次商议,罗佛尔先生决定研究四个相关问题。第一,彩色橡胶灯泡套在中国的市场潜力;第二,中国市场对彩色橡胶灯泡套在规格、价格以及数量方面的要求;第三,中国民用照明灯具生产厂商的情况;第四,打入中国市场的最佳方式。

初步的市场分析表明,中国是一个民用照明灯具的生产大国。几乎在中国的每一个省市,都有不同规模的灯泡厂或灯具厂。这些工厂生产各种各样不同系列、不同规格、不同功率与不同电压的通用和特种照明灯具。他们的产品包括各种民用白炽灯泡,日光灯管、彩色灯泡和灯管,汽车灯泡、高压汞灯、卤素灯泡、霓虹灯等。中国的灯具不仅可以自给,而且向东南亚等地大量出口。初步的市场分析结果还表明,无论是与欧洲市场的同类商品相比较,还是与普通中国家庭的收入相比较,中国市场上的灯具价格都十分低廉,还不到欧洲市场灯具价格的五分之一。当然了,罗佛尔先生的彩色橡胶灯泡套在中国市场无疑算得上是一个独一无二的产品。如果罗佛尔先生的彩色橡胶灯泡套在中国市场受欢迎的话,哪怕只有百分之零点一的中国灯具用户使用,那也会给罗先生的公司带来相当数额的利润。

初步的市场分析结果给罗佛尔先生和咨询公司带来了巨大的鼓舞,他们对彩色灯泡套在中国的市场前景颇为乐观,决定开展进一步的市场研究。依据《中国工商企业名录》,他们得到了几乎所有中国灯具生产厂的通讯地址,并且与中国驻当地总领事馆的贸易官员会见,请他介绍灯具行业的生产经营状况。最后,他们决定挑选50家中国灯具生产厂家,用邮件轰炸(mailshot)的方式进行联系,以求了解中国企业对彩色橡胶灯泡套这一产品的反应。

咨询公司迅速地准备好了一份商函,说有一家厂商要在中国寻求商业伙伴。信中详细地说明了彩色橡胶灯泡套的用途与性能,询问中国企业的合作意向。信中还要求有意合作的中国企业提供他们的职工,以便就彩色橡胶灯泡套在中国市场的潜力做出各自的评价。这封信用中英文两种文字寄给了入选的中国灯具生产厂家。此外,咨询公司还与深圳特区一家大公司进行了电话联系,并且收到了这家公司的电传答复,反应是积极的。

两个月后,咨询公司收到八家中国灯具生产厂家的回信。这八家工厂都是中国有数的大型灯具生产厂家,他们都对与罗佛尔先生合作怀有浓厚的兴趣,并且按照要求回寄了大量的资料,介绍各自企业的情况。有两家省级的灯具厂显得特别热心。不过,中国方面对经销或者许可证生产等合作方式兴趣不大,希望罗佛尔先生能够进行直接投资或者建立合资企业进行合作生产。他们还要求咨询公司尽快寄去彩色橡胶灯泡套的样品。这是可以理解的。因为光是凭文字描述，实在难以揣摩彩色橡胶灯泡套究竟是一个什么样的产品。当然，中国方面不少厂家还要求了解彩色橡胶灯泡套的成本、价格等情况。看来事情进行得很顺利。罗佛尔先生当然不会拒绝提供样品，也不反对采取直接投资或者开办合资企业的合作方式。几十盒彩色橡胶灯泡套的样品迅速地寄向中国。连同这些样品寄向中国的还有一封进一步介绍彩色橡胶灯泡套的产品性质和价格的信。按照罗佛尔先生的要求，信中还探询在中国设立销售代理的可能性。

六个月过去了。有三家中国灯具厂又回信了。他们都有礼貌地回绝了罗佛尔先生关于合作生产经营彩色橡胶灯泡套的要求。以后，关于彩色橡胶灯泡套一事，罗佛尔先生和咨询公司再也没有从中国方面得到进一步的音讯了。罗佛尔先生和咨询公司的职员都很纳闷。一切看起来都很不错，可是，究竟什么地方不对头呢？

（资料来源：兰苓，《现代市场营销学》，首都经济贸易大学出版社出版，2003 年。）

请分析讨论：

1. 案例用了哪些市场调研方法？

2. 罗佛尔先生的彩色橡胶灯泡套没有能够在中国找到合作者的主要原因有哪些？

参考答案

【名词解释】

1.市场营销信息系统:由人员、设备和程序构成,对信息进行收集、分类、分析、评估和分发,为决策者提供所需的、及时的和准确的信息。

2.市场营销调研:运用科学的方法,有目的、有计划地收集整理和分析有关市场营销方面的信息,获得符合客观事物发展规律的见解,提出解决问题的建议,供营销管理人员了解营销环境,发现机会与问题,从而作为市场预测和营销决策的依据。

3.市场信息:在一定的时间内,由市场各组成要素发出的被人们理解和认识并经过加工整理的从事市场活动所需的信息、消息、情报、数据和资料。

4.询问法:调查者通过询问被调查者来了解情况、收集资料的调查方法,是最常用的一种调查方法。按调查者与被调查者的接触方式,询问法还可细分为面谈调查、邮寄调查、电话调查、留置调查等。

5.观察法:调查人员或机器在调查现场对调查对象的行为进行直接观察记录,取得第一手资料的一种调查方法。在市场营销活动中,观察法多用于对零售活动、消费者购买习惯与动向、广告效果等方面的研究,具体又可分为以下几种:直接观察法、亲身经历法、行为记录法、实际痕迹观察法等。

6.实验法:在给定的条件下,通过实验对比,对市场现象中某些变量之间的因果关系及其发展变化过程加以观察分析的一种调查方法,如产品包装实验、新产品销售实验等。

7.市场预测:一般是指根据已掌握的信息和资料,依据对市场经济活动规律的认识,运用科学的分析方法,对市场未来的发展趋势做出预计。

【单项选择题】

1.D　2.B　3.C　4.B　5.C　6.D　7.A　8.B　9.C　10.B

11.C　12.C　13.C　14.C　15.B　16.C　17.B　18.B　19.D　20.C

【多项选择题】

1.ABCDE　2.ABCD　3.ABCD　4.ABC　5.BD

6.ABCE　7.ABCDE　8.BCD　9.ABCDE　10.ABCD

【判断题】

1.×　2.√　3.√　4.×　5.√　6.×　7.×　8.√　9.√　10.√

【简答题】

1.市场营销信息系统的构成有哪几部分?

答:市场营销信息系统由四个子系统构成:内部报告系统、营销情报系统、营销调研系统和营销分析系统。

2.市场营销调研工作包含哪些基本步骤?

答:市场营销调查过程是系统地设计、收集、分析并报告与企业相关的数据和研究结果。它最主要的调研活动有：调研项目的确立；调研方案及计划的制定阶段；调研资料的收集；问卷复核阶段；调研结果的处理。

3. 什么是市场需求？它与营销之间存在什么关系？

答：(1)市场需求是指一定的地理区域、一定的时间、一定的市场营销环境和一定的市场营销方案下购买的总量。

(2)市场需求对产品价格、产品改进、促销和分销等一般都表现出某种程度的弹性。因此，预测市场需求必须掌握产品价格、产品特征以及市场营销预算等。我们可以用市场营销力量来描述企业所有刺激市场需求的活动。

4. 市场潜量与企业潜量之间的区别是什么？

答：市场潜量是指在一定的市场营销环境条件下，当行业市场营销费用逐渐增高时，市场需求达到的极限值。

企业潜量是指当企业的市场营销力量相对于竞争者不断增加时，企业需求所达到的极限值。

很明显，企业需求的绝对极值是市场潜量。如果企业的市场占有率为 100%，即企业成为独占者时，企业潜量就等于市场潜量。但这只是一种极端状况，在大多数情况下，企业销售量小于市场潜量。

5. 抽样调查的方法有哪些？

答：简单随机抽样、系统抽样、分层抽样、整群抽样。

【案例分析题】

1. 案例用了哪些市场调研方法？

答：主要用了第二手资料进行初步的市场分析，借用《中国工商企业名录》；面谈调查法，与驻当地中国总领事馆的贸易官员会见；邮寄调查法，挑选 50 家中国灯具生产厂家，用邮件轰炸的方式进行联系；电话调查法，与深圳特区一家大公司进行了电话联系。

2. 罗佛尔先生的彩色橡胶灯泡套没有能够在中国找到合作者的主要原因有哪些？

答：市场需求调查时调查对象错误。既然罗佛尔彩色橡胶灯泡套适合用于酒店、饭馆、商店等场合，适合用于公众节假日广场、街道的露天灯光装饰，那么，在调查中国市场需求时，就不应该向灯具厂调查产品需求。

中国灯具的用量不等于灯泡的用量，调查中将调查内容集中于中国灯具厂和灯泡量的调查，夸大了对灯泡套的需求量。

并没有充分分析调查获得的重要信息。通过调查，已经得知中国灯泡价格低廉，仅仅是欧洲灯具的价格的五分之一，而彩色橡胶灯泡套的价格也是欧洲灯具的价格的五分之一，这意味着一个灯泡套的价格相当于一只中国灯泡的价格，试问有多少人会购买。

第六章　消费者市场分析

一、学习目的

通过本章的学习，了解消费者市场的含义和特点，理解消费者购买决策过程，掌握影响消费者行为的个体因素和环境因素及其营销应用，能够分析不同的消费者行为类型并制定相应的营销策略。

二、重点内容

(一)消费者市场与消费者行为

1.消费者市场

消费者市场是个人或家庭为了生活消费而购买产品或服务所形成的市场。

消费者市场的主要特点：广泛性、分散性、复杂性、易变性、发展性、情感性、伸缩性、替代性、地区性、季节性。

2.消费者行为

消费者行为是消费者在搜寻、评估、购买、使用和处置一项产品或服务时，所表现出来的各种行为。

消费者行为研究的任务主要有三个方面：揭示和描述消费者行为的表现；揭示消费者行为产生的原因；预测和引导消费者行为。

消费者行为研究模式中具有代表性的是刺激—反应模式。

(二)消费者购买决策过程和参与者

消费者购买决策是消费者为了实现满足需求的目标，在购买过程中对是否购买商品或服务以及对影响购买决定的相关内容进行决策的一系列活动。

消费者购买决策过程是一个动态发展的过程，一般分为五个阶段：

1.确认问题

确认问题是指消费者确认自己的需要是什么。消费者意识到理想状态和实际状态之间存在的差距，以及消费者追求的某种需要的满足。

营销人员在这个阶段的主要任务是营造能够激发消费者产生强烈需求的环境,具体途径:一是了解消费者的需要;二是设计诱因。

2. 收集信息

收集信息是指寻找和分析与满足需要有关的商品或服务的资料。

营销人员在这个阶段的任务:一是了解消费者信息的来源;二是了解不同信息来源对消费者的影响程度;三是设计信息的传播策略。

3. 评价方案

消费者收集到足以帮助其选择和判断的信息资料后,就会根据这些信息和一定的评价方法对同类产品的不同品牌进行分析评价。消费者的评价依次表现在五个方面:产品属性、属性权重、品牌信念、效用要求和评价模型。

4. 做出决策

经过评价选择后,消费者就要做出购买决策。购买决策通常有三种:一是消费者认为商品质量、款式、价格符合自己的要求和购买力,决定立即购买;二是对商品某些方面还不够完全满意,决定延期购买;三是对商品质量、价格不满意而放弃购买。

在消费者产生购买意图和实际购买之间,消费者还可能会受到他人态度、意外因素的影响,从而加速、延缓或否决购买。

5. 购后行为

购后行为是购买决策过程中一个重要阶段。这个阶段不仅决定消费者是否会重复购买,还会对其他消费者的购买行为有重要影响。

消费者在购买决策过程中可能扮演下列角色中的一种或几种。

(1)发起者。第一个提议或想到去购买某种产品的人。

(2)影响者。有形或无形地影响最后购买决策的人。

(3)决定者。最后决定整个购买意向的人。

(4)购买者。实际执行购买决策的人。

(5)使用者。实际使用或消费商品的人。

(三)影响消费者行为的个体因素

影响消费者行为的个体因素主要有心理因素、生理因素、经济因素、生活方式等。

1. 心理因素

心理因素指消费者自身的心理活动、心理状态对消费行为的影响,主要包括消费者的感觉、知觉、需要、动机、记忆等。

(1)感觉是人脑对直接作用于感觉器官的客观事物的个别属性的反映。个体通过眼、耳、鼻、舌等感觉器官对事物的外形、色彩、气味、粗糙程度等个别属性做出反应。

(2)知觉是人脑对作用于感觉器官的客观事物各个部分和属性的整体反映。

(3)需要是人们对某种目标的渴望、欲求,是人的机体自身或外部生活条件的要求在头脑中的反映。

根据美国心理学家马斯洛的需要层次论，人类的需要分为五个层次：生理需要、安全需要、社交需要、尊重需要和自我实现需要。五种需要按照对个体的重要程度由低级向高级依次排列，低层次的需要满足以后才会追求高层次的需要。

(4)动机是存在个体内部的迫使个体采取行动的一种驱动力。产生动机的内在条件是达到一定强度的需要，产生动机的外在条件是诱因的存在。

(5)记忆是以识记、保持、再认和回忆的方式在人脑中积累和保存个体经验的心理过程。影响记忆的因素有客观因素和主观因素两个方面。客观因素主要是指记忆材料的数量、大小、位置、难易程度等；主观因素主要是指记忆者自身的状态，如身心条件、记忆方法、学习时的情绪等。

2. 生理因素

生理因素是指消费者在年龄、性别、体征、嗜好、健康状况等生理特征方面的差别。生理因素决定消费者对产品款式、构造和功能的不同需求。

3. 经济因素

经济因素主要是指消费者可支配收入、储蓄、资产和借贷能力。经济因素是决定购买行为的基本因素。

4. 生活方式

生活方式是一个人在生活中表现出来的活动、兴趣和看法的模式。不同生活方式的群体对产品和品牌的需求不同。营销人员应从多种角度区分不同生活方式的群体。

(四)影响消费者行为的环境因素

1. 参照群体

参照群体是对个人的行为、态度、价值观有直接影响的群体，指一个人在认知、情感的形成过程和行为的实施过程中用来作为参照标准的某个人或某些人的集合。

按照群体成员之间接触的密切程度，可分为首要群体和次要群体；按照是否存在正式的组织，可分为正式群体和非正式群体；按照消费者是否属于特定参照群体，可分为成员群体和非成员群体。

2. 家庭

家庭是以婚姻关系、血缘关系或收养关系为纽带而结成的共同生活的社会基本单位。按照家庭代际层次和亲属关系，可以将家庭分为核心家庭、主干家庭、联合家庭及其他家庭。

3. 社会角色

社会角色是指个人在群体、组织及社会中的地位和作用。个人在不同的环境中扮演不同的社会角色，具有不同的行为，塑造不同的自我，在特定的时间内特定的角色身份将占主导地位。

(五)消费者行为的调节因素

1.消费者参与和品牌差异

消费者参与是指消费者对某一产品、事物、事件或行为的重要性或与自我的相关性的认识。按照参与程度可以分成无参与和有参与,低参与和高参与。

品牌差异指消费者所感受到的同类产品不同品牌之间在质量、款式、包装、服务、性能、价值方面的差异。

2.消费者行为类型

根据购买者的参与程度和产品的品牌差异程度,可以分为四种购买类型:复杂购买行为、减少失调感购买行为、多样性购买行为和习惯性购买行为。

课后练习

【名词解释】

1.消费者市场　2.消费者行为　3.感觉　4.知觉　5.动机　6.记忆　7.参照群体　8.社会角色　9.习惯性购买行为　10.复杂的购买行为　11.多样性购买行为

【单项选择题】

1.购买产品或服务是为了满足个人和家庭生活消费，这样的市场被称作(　　)。

A.生产者市场　　B.组织者市场

C.消费者市场　　D.中间商市场

2.首先提出要购买某一产品或服务的人是(　　)。

A.发起者　　B.影响者

C.公共来源　　D.购买者

3.美国人本主义心理学家马斯洛认为人类最低层次的需要是(　　)。

A.生理需要　　B.安全需要

C.尊重需要　　D.社交需要

4.美国人本主义心理学家马斯洛将人类需要按低级到高级的顺序排列，属于人类最高级别的需要是(　　)。

A.尊重需要　　B.他人实现需要

C.自我表达需要　　D.自我实现需要

5.不同消费者在需求偏好等方面的侧重是不同的，因此其选择产品的方式各有不同，这体现了消费者行为的(　　)特性。

A.复杂性　　B.多样性

C.社会性　　D.独立性

6.消费者的购买决策过程是消费者购买动机转化为(　　)的过程。

A.购买心理　　B.购买意志

C.购买行动　　D.购买意向

7.(　　)是购买活动的起点。升高到一定界限时，就会产生一种驱动力，驱使人们采取行动予以满足。

A.消费动机　　B.需要

C.外在刺激　　D.触发诱因

8.消费者从广告、售货员介绍、商品展览与陈列、商品包装、商品说明书等获得信息的来源属于(　　)。

A.个人来源　　B.公众来源

C.经验来源　　D.商业性来源

9. 家庭属于(　　)。

A.首要群体　　B.次要群体

C. 成员群体　　　　D. 向往群体

10. 某销售人员按照特定的社会与组织赋予的行为模式而进行的行动，是完整的角色知觉的(　　)。

A. 角色认知　　　　B. 角色行为

C. 角色期待　　　　D. 角色评价

11. 影响消费行为最广泛、最深远的因素是(　　)。

A. 文化因素　　　　B. 社会因素

C. 个人因素　　　　D. 心理因素

12. 体育明星、歌星等一般属于(　　)。

A. 首要群体　　　　B. 次要群体

C. 成员群体　　　　D. 向往群体

13. 某种相关群体的有影响力的人物被称为(　　)。

A. "意见领袖"(或"意见领导者")　　　　B. "道德领袖"

C. "精神领袖"　　　　D. "经济领袖"

14. 消费者停止、推迟或回避做出某一购买决定，往往是受(　　)影响。

A. 别人的态度　　　　B. 意外情况

C. 可觉察风险　　　　D. 产品属性

15. 参与者的介入程度高，品牌差异大的购买行为属于(　　)。

A. 习惯性购买行为　　　　B. 多样性购买行为

C. 复杂购买行为　　　　D. 减少失调感购买行为

16. 参与者的介入程度高，品牌差异不大的购买行为属于(　　)。

A. 习惯性购买行为　　　　B. 多样性购买行为

C. 复杂购买行为　　　　D. 减少失调感购买行为

17. 以下产品比较而言，消费者介入程度最高的是(　　)。

A. 房屋　　　　B. 书本

C. 香皂　　　　D. 为朋友购买的礼物

18. 对于多样性购买行为，企业应采取的主要营销策略有(　　)。

A. 加强售后服务　　　　B. 增加花色品种

C. 提供充足的购买信息　　　　D. 开展大量重复性广告

19. 为减少减少失调感购买行为，营销者不仅要通过各种途径提供有利于本企业及产品的信息，还要提供完善的(　　)。

A. 售前服务　　　　B. 售后服务

C. 集中服务　　　　D. 无偿服务

20. 根据正式群体与非正式群体的分类标准，下列不属于正式群体的有(　　)。

A. 单位同学　　　　B. 校友

C. 各界名人　　　　D. 俱乐部会员

【多项选择题】

1. 消费者市场的主要特点有(　　)。

A. 广泛性　　B. 分散性

C. 复杂性　　D. 易变性

E. 发展性

2. 消费者的购买行为受(　　)等心理因素的影响。

A. 动机　　B. 需要

C. 感觉　　D. 信念和态度

E. 熟悉

3. 动机的产生必须有(　　) 条件。

A. 客观　　B. 先决

C. 内在　　D. 外在

E. 有利

4. 西方营销学者通常将消费者购买决策的一般过程分为(　　)等阶段。

A. 确认问题　　B. 收集信息

C. 备选产品评估　　D. 购买决策

E. 购后评价

5. 消费者在购买活动中可能扮演的角色有(　　)。

A. 发起者　　B. 影响者

C. 决定者　　D. 购买者

E. 使用者

6. 一个国家的文化包括的亚文化群主要有(　　)。

A. 语言亚文化群　　B. 宗教亚文化群

C. 民族亚文化群　　D. 种族亚文化群

E. 地理亚文化群

7. 按照消费者是否属于群体成员以及群体吸引力划分,相关群体可分为(　　)。

A. 正相关成员群体　　B. 向往群体

C. 拒绝群体　　D. 隔离群体

E. 社会群体

8. 人们对刺激物产生的知觉有(　　)等几种层次。

A. 选择性注意　　B. 选择性扭曲

C. 选择性保留　　D. 选择性淘汰

E. 选择性理解

9. 影响消费者行为的内在因素主要有消费者的(　　)。

A. 心理因素　　B. 生理因素

C. 经济因素　　D. 生活方式

E. 社会地位

10. 对于多样性购买行为,市场领导者力图通过(　　)等方式鼓励消费者形成习惯性购买行为。

A. 占有货架　　B. 避免脱销

C. 降价　　　　　　　　　　　　　　D. 提醒购买的广告

E. 折扣

【判断题】

1. 家人、亲属、朋友和伙伴等是最典型的、主要的非正式群体。（　　）
2. 消费品尽管种类繁多，但不同品种甚至不同品牌之间不能相互替代。（　　）
3. 研究消费者购买行为的理论中最有代表性的是刺激—反应模式。（　　）
4. 消费者通常会买那些与否定群体有关的产品。（　　）
5. 归属于不同生活方式群体的人，对产品和品牌有着相同的需求。（　　）
6. 顾客的信念并不决定企业和产品在顾客心目中的形象，也不决定他的购买行为。（　　）
7. 在价格不变条件下，一个产品有更多的性能会吸引更多的顾客购买。（　　）
8. 首要群体一般是正式群体。（　　）
9. 同事属于次要群体。（　　）
10. 态度能使人们对相似的事物产生相当一致的行为。（　　）

【简答题】

1. 影响消费者购买行为的因素有哪些？
2. 消费者的购买决策过程如何？
3. 简述相关群体的含义及其对消费者行为的影响。
4. 消费者购买行为类型可分为哪几种？

【案例分析题】

随着成年人和青年人手机市场的饱和（美国65%的青年人拥有手机），手机产业开始寻找其他细分市场。在不久的将来，手机产业的市场潜力在于儿童，特别是8～12岁甚至更小的孩子。行业中的许多人都把中学毕业生看作最后的阵地，如果手机制造商想要继续发展的话，父母们就要给5岁大的孩子购买手机。

早在2005年，许多公司就向儿童市场推出了手机产品。迪士尼、美泰等公司都推出了颜色鲜艳的手机，这些手机通常带有明星图片。它们为小手设计这些手机，减少传统的按键，父母可以设计手机的工作程序，控制呼入和呼出电话，并预测话费。

但是，孩子们真的需要手机吗？许多孩子这样认为，但是，各类政治家不这样认为。一些批评者认为，手机制造商不断通过营销策略宣告向孩子的“捕鱼期开始”。一些人甚至恳求美国国会调查这一逐渐升温的趋势。

手机公司为它们的行动辩护。许多公司声明说，它们没有向儿童营销产品（甚至对孩子友好的产品），而是向他们父母营销。迪士尼公司说，它们开发迪士尼移动电话是为了提供一种满足家庭需要的服务，它们的产品和服务对所有的家庭成员开放，包括成年人。营销人员称，他们只是在回应消费者的需要。当然，孩子们想要这些产品是因为它们很酷，因为他们的朋友都有手机，因为他们想长大。事实上，许多青少年拒绝小孩版手机，他们需要的是成年人风格的手机，对于Firefly手机，一位年轻的顾客说：“它是三年级小孩的手机，到了五年级以后，你应该有一部真正的手机。”

"酷"和"威望"的需要还不足以让父母动心从而为孩子们购买手机。然而营销人员基于不同的原则把手机营销定位在父母身上，手机为焦虑的父母提供了额外的安全保障，他们可以随时找到他们的孩子。许多孩子的手机都提供GPS跟踪和父母控制功能，当父母相信与孩子保持联系能增强安全感，购买决策就简单了。"突然，你们不再是过分放纵的父母，你们是看护孩子的父母。"

无论是出于安全考虑，还是仅仅因为父母正在服从他们孩子的需要，手机营销人员的努力似乎是值得的。已有46%的9～11岁的孩子和20%的6～8岁的孩子带着手机。如果公司让孩子们习惯使用手机，孩子们将成为终身消费者。这是不是一件好事？这仍在讨论之中。

请分析讨论：

1. 对于儿童手机，谁是顾客？
2. 论述为孩子购买手机这一决策的过程。
3. 家庭生命周期的变化趋势如何影响向孩子们营销手机的策略？

参考答案

【名词解释】

1. 消费者市场：个人或家庭为了生活消费而购买产品或服务所形成的市场。

2. 消费者行为：消费者在搜寻、评估、购买、使用和处置一项产品或服务时，所表现出来的各种行为。

3. 感觉：人脑对直接作用于感觉器官的客观事物的个别属性的反映。

4. 知觉：人脑对作用于感觉器官的客观事物各个部分和属性的整体反映。

5. 动机：存在个体内部的迫使个体采取行动的一种驱动力。

6. 记忆：以识记、保持、再认和回忆的方式在人脑中积累和保存个体经验的心理过程。

7. 参照群体：对个人的行为、态度、价值观有直接影响的群体，指一个人在认知、情感的形成过程和行为的实施过程中用来作为参照标准的某个人或某些人的集合。

8. 社会角色：指个人在群体、组织及社会中的地位和作用。个人在不同的环境中扮演不同的社会角色，具有不同的行为，塑造不同的自我，在特定的时间内特定的角色身份将占主导地位。

9. 习惯性购买行为：它是一种对于价格低廉、经常购买、品牌差异小的产品，不需花时间进行挑选，也不进行信息收集、产品评价就进行购买的最为简单的购买行为类型。

10. 复杂购买行为：它是一种面对品牌差异大的产品，广泛收集相关信息，慎重选择，仔细比较后才购买，以求降低风险的购买行为类型。

11. 多样性购买行为：它是指消费者在购买商品时有很大的随意性，并不深入收集信息和评估比较就购买某一品牌，在消费时才加以评估，但是在下次购买时可能又转换购买其他品牌的购买行为类型。

【单项选择题】

1. C　2. A　3. A　4. D　5. B　6. C　7. A　8. D　9. A　10. B

11. A　12. D　13. A　14. C　15. C　16. D　17. D　18. C　19. B　20. C

【多项选择题】

1. ABCDE　2. ABCD　3. CD　4. ABCDE　5. ABCDE

6. ABCDE　7. ABD　8. ABC　9. ABCD　10. ABD

【判断题】

1. ×　2. ×　3. √　4. ×　5. ×　6. ×　7. √　8. √　9. √　10. √

【简答题】

1. 影响消费者购买行为的因素有哪些？

答：影响消费者购买行为的因素有文化因素、社会因素、个人因素和心理因素。文化因素主要是文化、亚文化和社会阶层；社会因素主要是参照群体、家庭以及社会角色和地位；个人因素主要是年龄和性别、职业与经济状况、生活方式、个性及自我观念；心理因素主要是动机、知觉、学习以及信念和态度。

2.消费者的购买决策过程如何？

答：在复杂的购买行为中，消费者购买决策过程由确认问题、收集信息、评价方案、做出决策和购后行为五个阶段构成。消费者的需要往往由两种刺激引起，内部刺激和外部刺激。消费者需要寻找某些信息，这些信息来源主要有个人来源、商业来源、经验来源等。购买前需要经过方案的评价，包括产品属性、属性权重、品牌信念、效用函数和评价模型。

3.简述相关群体的含义及其对消费者行为的影响。

答：相关群体有参照群体、家庭及社会角色。

(1)参照群体是对个人的行为、态度、价值观有直接影响的群体，指一个人在认知、情感的形成过程和行为的实施过程中用来作为参照标准的某个人或某些人的集合。其对消费者购买行为影响表现在三方面：第一，参照群体为消费者展示出新的行为模式和生活方式；第二，消费者有效仿或反对参照群体的倾向，因而消费者对某些事物的看法和对某些产品的态度也会受到参照群体的影响；第三，参照群体促使人们的行为趋于某种一致化，从而影响消费者对某些产品和品牌的选择。

(2)家庭是以婚姻关系、血缘关系或收养关系为纽带而结成的共同生活的社会基本单位。家庭是社会的基本单位，也是社会中最重要的消费者购买组织，它强烈地影响着人们的价值观、人生态度和购买行为。

(3)社会角色是指个人在群体、组织及社会中的地位和作用。一个人在其一生中会参加许多群体，如家庭、俱乐部及其他各种组织。每个人在各个群体中的位置可用角色和地位来确定，其地位随着阶层和地理区域的变化而变化。社会角色的不同在某种程度上会影响消费者的购买行为。

4.消费者购买行为类型可分为哪几种？

答：消费者购买行为类型可分为四种，即习惯性购买行为、多样性购买行为、减少失调感购买行为和复杂购买行为。

【案例分析题】

1.对于儿童手机，谁是顾客？

答：对于儿童手机，成年人——主要是儿童的监护人，如父母等人是主要的购买者。

2. 论述为孩子购买手机这一决策的过程。

答：①确认问题——发现需要，进行联系；

②收集信息——寻找合适的手机型号或品牌；

③评价方案——通过对多个品牌的手机进行比较，选择最佳方案；

④做出决策——确定某一款手机；

⑤购后行为——使用后对手机效果进行评价。

3.家庭生命周期的变化趋势如何影响向孩子们营销手机的策略？

答：在不同的家庭生命周期阶段，手机的功能不一样，营销策略也不同。孩子 7 岁以下，在这个阶段，手机更多的是充当小孩的玩具，所以要突出手机的某些功能；7～15 岁，在这个阶段，手机主要是联系工具，营销策略主要是考虑通话功能并且要适当地节约话费；15 岁以上，在这个阶段，小孩有独立的性格，营销策略要突出手机产品的性能，可以从广告、价格等各方面入手。

第七章　组织市场分析

一、学习目的

通过本章的学习，了解生产者市场、中间商市场和非营利组织市场的含义和基本特征，掌握生产者购买决策的参与者，影响生产者购买决策的主要因素和生产者购买决策过程的阶段特征，运用生产者、中间商和非营利组织的购买行为类型及其相关原理分析组织市场购买行为的特殊性。

二、重点内容

(一)组织市场的类型和特点

组织市场指工商企业为从事生产、销售等业务活动及政府部门和非营利组织为履行职责而购买产品和服务所构成的市场，包括生产者市场、中间商市场、非营利组织市场和政府市场。

组织市场的特点：①购买者比较少；②每次购买数量比较大；③供需双方关系密切；④购买者的地理位置相对集中；⑤属于派生需求；⑥需求弹性小；⑦需求波动大；⑧由专业人员采购；⑨影响购买决策的人多；⑩互惠购买，双方经常互为买方和卖方；⑪往往通过租赁方式取得所需产品；⑫直接采购。

(二)生产者市场的购买行为分析

生产者市场是指购买产品或服务用于制造其他产品或服务，然后销售或租赁给他人以获取利润的单位和个人。主要类型有直接重购、修正重购和新购。

1. 生产者市场购买决策的参与者

购买类型不同，购买决策的参与者也不同。直接重购时，采购部门负责人起决定作用；新购时，企业高层领导起决定作用；在确定产品的性能、质量、规格、服务等标准时，技术人员起决定作用；而在供应商选择方面，采购人员起决定作用。这说明在新购的情况下，供应商应当把产品信息传递给采购部门负责人。在多数情况下，买方的采购决策受到许多人直接或间接的影响，这些人分别扮演着以下 6 种角色中的一种或几种：①使用者；②影响者；③决策者；④批准者；⑤采购者；⑥信息控制者。

2. 影响生产者市场购买决策的主要因素

(1)经济因素:这是影响生产者市场购买的基础性因素,即商品的质量、价格和服务。

(2)环境因素:用户无法控制的宏观环境因素,包括市场需求水平、国家的经济前景、资金成本、技术发展、政治法律、竞争态势等。

(3)组织因素:用户自身的经营战略、组织和制度等因素,包括战略、程序、组织结构、制度等。

(4)人际因素:组织内部参与购买过程的各种角色的职务、地位、态度、利益和相互关系对购买行为的影响。

(5)个人因素:组织内部参与购买过程的有关人员的年龄、教育、个性、偏好、风险意识等对购买行为的影响。

3. 生产者市场购买决策过程

从理论上说,生产者市场完整的购买过程可分为认识需要→确定需要→说明需要→物色供应商→征求供应意见书→选择供应商→签订合约→绩效评价 8 个阶段,但是具体过程依不同的购买类型而定,直接重购和修正重购可能跳过某些阶段,新购则会完整地经历各个阶段。

(三)中间商市场的购买行为分析

中间商市场是处于生产者和消费者之间的专门商品流通媒介,也称转卖市场,指购买产品用于转售或租赁以获取利润的单位和个人。主要类型有新产品采购、最佳供应商选择、改善交易条件的采购和直接重购。

1. 中间商市场购买过程的参与者

以连锁超市为例,参与购买过程的人员和组织主要有商品经理、采购委员会、分店经理等。

2. 中间商市场购买决策过程

同生产者市场一样,中间商市场完整的购买过程也分为 8 个阶段。改善交易条件的采购和最佳供应商选择可能跳过某些阶段,新产品采购则会完整地经历各个阶段。

3. 影响中间商市场购买决策的主要因素

中间商市场的购买行为同生产者市场的购买行为一样,受到环境因素、组织因素、人际因素和个人因素的影响。此外,采购者个人的购买风格也具有不可忽视的影响。

(四)非营利组织市场的购买行为分析

1. 非营利组织市场

非营利组织市场是为了维持正常运作和履行职能而购买产品或服务的各类非营利组织所构成的市场。

2. 非营利组织市场的购买特点

一般要求限定总额、价格低廉、保证质量,同时受到较多控制且程序复杂。

3. 非营利组织市场的购买方式

主要有公开招标选购、议价合约选购和日常性采购等方式。

(五)政府市场的购买行为分析

1. 政府市场

政府市场是指由那些为执行政府的主要职能而采购或租用商品的各级政府单位组成的市场。政府市场的购买行为与生产者市场和中间商市场有共同之处，但也有一定的特殊性。

2. 政府市场的购买目的

主要包括：加强国防与军事力量；维持政府的正常运转；稳定市场；对其他国家进行商业性、政治性或人道性的援助等。

3. 政府市场购买过程的参与者

各个国家、各级政府都设有采购组织，一般分为两大类：一是行政部门的购买组织；二是军事部门的购买组织。

4. 影响政府市场购买行为的主要因素

政府市场也要受到环境因素、组织因素、人际因素和个人因素的影响，但是在以下方面有所不同：一是受到社会公众的监督；二是受到国际国内政治形势的影响；三是受到国际国内经济形势的影响；四是受到自然因素的影响。

课后练习

【名词解释】

1. 生产者市场　2. 中间商市场　3. 政府市场　4. 采购中心　5. 直接重购　6. 修正重购　7. 供应人　8. 招标代理机构

【单项选择题】

1. 某企业决定增加一条与原来生产线相同的生产线，从而引起对新设备、新零部件及原材料的需求，此时该企业所采用的购买行为属于(　　)。

A. 直接重购型　　B. 修正重购型
C. 间接重购型　　D. 新购型

2. 在(　　)情况下，产业购买者做出的购买决策最少。

A. 新购　　B. 修正重购
C. 直接重购　　D. 变更购买

3. 在产业采购中心的影响者中，(　　)是最主要的影响者。

A. 采购员　　B. 经理
C. 技术人员　　D. 财务人员

4. 组织市场包括(　　)。

A. 生产者市场　　B. 中间商市场
C. 非营利组织市场和政府市场　　D. ABC

5. 有权决定买与不买，以及产品规格、购买数量和供应商的人员被称为(　　)。

A. 影响者　　B. 批准者
C. 决策者　　D. 采购者

6. 影响生产者市场购买决策的基础性因素是(　　)。

A. 商品质量　　B. 价格
C. 服务　　D. ABC

7. 组织市场需求的波动幅度(　　)消费者市场需求的波动幅度。

A. 小于　　B. 大于
C. 等于　　D. 都不是

8. 认识需要是生产者市场购买决策的(　　)。

A. 终点　　B. 中间点
C. 起点　　D. 中介点

9. 非营利组织市场的采购人员只能按照规定的条件购买，(　　)。

A. 有较大自由　　B. 缺乏自主性
C. 受控制少　　D. 可任意选购

10. 组织市场购买者购买过程中在新购的情况下要经过几个阶段？(　　)

A. 1　　B. 2　　C. 8　　D. 2 或 8

【多项选择题】

1. 组织市场包括以下哪几类市场？（　　）

A. 生产者市场　　B. 消费者市场

C. 中间商市场　　D. 国际市场

E. 政府市场

2. 以下哪些是组织市场的特征？（　　）

A. 购买者较多　　B. 购买数量多

C. 购买者在地域上相对分散　　D. 直接购买

E. 影响购买的人多

3. 生产者市场的购买行为可分为以下哪几个类型？（　　）

A. 直接重购　　B. 间接采购

C. 新购　　D. 修正重购

E. 重复再购

4. 即使是直接重复购买型的决策也需要经过（　　）阶段。

A. 认识需要　　B. 寻找供应者

C. 确定产品规格　　D. 确定订货

E. 评价合同执行情况

5. 生产者市场对各个供应商进行绩效评价，以决定（　　）供货关系。

A. 建立　　B. 维持

C. 修正　　D. 中止

E. 构建

6. 中间商市场决定购买数量的主要依据是（　　）。

A. 现有的存货状况　　B. 预期的需求水平

C. 符合中间商的要求　　D. 成本/效益比较

E. 有没有折扣

7. 生产者市场的需要可以由（　　）引起。

A. 内在刺激　　B. 外在刺激

C. 精神刺激　　D. 物质刺激

E. 以上全是

8. 政府购买方式有（　　）。

A. 公开招标选购　　B. 议价合约选购

C. 直接购买　　D. 日常性采购

E. 专家购买

9. 政府采购一般会遵循以下基本原则，即（　　）。

A. 公开、公平与公正原则　　B. 效率原则

C. 节俭原则　　D. 计划原则

E. 注重质量原则

10. 影响组织市场购买决策的主要因素有( )。

A. 环境因素　　B. 组织因素

C. 服务因素　　D. 人际因素

E. 个人因素

【判断题】

1. 组织市场的需求是派生需求。 ( )
2. 生产者市场大多愿意采取有效长期合同形式。 ( )
3. 采购者个人的购买风格对中间商购买行为影响较小。 ( )
4. 物色供应商是在任何购买情况下必经的一个阶段。 ( )
5. 修正重购的购买决策比直接重购要少。 ( )
6. 直接重购给“门外的供货企业”提供了市场机会。 ( )
7. 所有参与购买决策过程的人员构成采购组织的决策单位,市场营销学称之为采购中心。 ( )
8. 生产者市场购买者往往通过租赁方式取得产业用品。 ( )
9. 生产者市场的需求富有弹性。 ( )
10. 产业市场上购买者数量多,规模小。 ( )

【简答题】

1. 什么是组织市场?组织市场的主要类型有哪些?
2. 生产者市场购买决策的参与者主要有哪些?
3. 政府采购的基本原则是什么?
4. 产业购买者购买过程包括哪几个阶段?

【案例分析题】

推销员李宾销售一种安装在发电设备上的仪表,他工作非常努力,不辞劳苦地四处奔波,但是收效甚微。他的一些具体事例如下:

(1)李宾得悉某发电厂需要仪表,就找到该厂的采购部人员详细介绍产品,经常请他们共同进餐,双方关系相当融洽,采购人员也答应购买,却总是一拖再拖,始终不见付诸行动。李宾很灰心,却不知原因何在。

(2)某发电厂是李宾所在公司的长期客户,需购仪表时就直接发传真通知送货。该发电厂原先由其他推销员负责销售业务,后来转由李宾负责。李宾接手后采用许多办法与该公司的采购人员和技术人员建立了密切关系。有一次,发电厂的技术人员反映有一台新购的仪表有质量问题,要求给予调换。李宾当时正在忙于同另一个重要的客户洽谈业务,拖了几天才处理这件事情,认为凭着双方的密切关系,发电厂的技术人员不会介意。可是那家发电厂后续购买仪表时,转向了其他供应商。

(3)李宾去一家小型发电厂推销一种受到较多用户欢迎的优质高价仪表,可是说破了嘴皮,对方依然不为所动。

(4)某发电厂同时购买了李宾公司的仪表和另一品牌的仪表,技术人员、采购人员在使用两年以后对两种品牌进行绩效评价,列举事实说明李宾公司的仪表耐用性不如另一个竞争性品牌。李宾听后认为事实如此，无话可说，听凭该发电厂终止了同本公司的生意关系而转向竞争品牌。

（资料来源：吴健安、聂元昆、郭国庆等，《市场营销学》（第五版），高等教育出版社出版，2014 年。）

请分析讨论：

1. 谈谈影响生产者市场用户购买的主要因素。

2. 请找出李宾在生产者市场推销失败的原因。

参考答案

【名词解释】

1. 生产者市场：又叫产业市场或服务市场，指购买产品或服务用于制造其他产品或服务，然后销售或租赁给他人以获取利润的单位和个人。

2. 中间商市场：也称转卖市场，指购买产品用于转售或租赁以获取利润的单位和个人，包括批发商和零售商。

3. 政府市场：由那些为执行政府的主要职能而采购或租用商品的各级政府单位组成的市场。

4. 采购中心：由所有参与购买决策过程的人员构成采购组织的决策单位，包括使用者、影响者、决策者、批准者、采购者、信息控制者。

5. 直接重购：企业的采购部门或采购中心根据过去和许多供应商打交道的经验，从供应商名单中选择供货企业，并直接重新订购过去采购过的同类产业用品。

6. 修正重购：企业的采购部门为了更好地完成采购工作任务，适当改变要采购的某些产业用品的规格、价格等条件或供应商。

7. 供应人：与采购人员可能签订或者已经签订采购合同的供应商或者承包商。

8. 招标代理机构：依法取得招标代理资格，从事招标代理业务的社会中介组织。

【单项选择题】

1. A　2. C　3. C　4. D　5. C　6. D　7. B　8. C　9. B　10. C

【多项选择题】

1. ACE　2. BCDE　3. ACD　4. BCDE　5. BCD

6. ABD　7. AB　8. ABD　9. ABCDE　10. ABDE

【判断题】

1. √　2. √　3. ×　4. ×　5. ×　6. ×　7. √　8. √　9. √　10. ×

【简答题】

1. 什么是组织市场？组织市场的主要类型有哪些？

答：组织市场指工商企业为从事生产、销售等业务活动及政府部门和非营利组织为履行职责而购买产品和服务所构成的市场，包括生产者市场、中间商市场、非营利组织市场和政府市场。

2. 生产者市场购买决策的参与者主要有哪些？

答：参与者包括五种成员，使用者、影响者、决策者、批准者、采购者、信息控制者。

3. 政府采购的基本原则是什么？

答：政府采购应遵循如下基本原则：

(1)公开、公平、公正和效益原则。政府采购应遵循公开、公平、公正和效益的原则，维护社会公共利益，促进和保障国家有关法律、法规和社会经济政策的贯彻执行。

(2)勤俭节约原则。政府采购应遵循勤俭节约原则,制定采购物资和服务的标准,并严格执行标准,不得超标准采购。

(3)计划原则。政府采购应遵循计划原则,按计划执行。采购主管部门应当根据经批准的预算和其他财政性资金的使用计划编制并公布采购计划。

4.产业购买者购买过程包括哪几个阶段?

答:在新购这种最复杂的情况下,购买过程的阶段最多,要经过八个阶段:认识需要、确定需要、说明需要、物色供应商、征求供应意见书、选择供应商、签订合约和绩效评价。修正重购的购买过程简单很多:确定需要,签订合约和绩效评价。

【案例分析题】

1.谈谈影响生产者市场用户购买的主要因素。

答:影响购买的因素如下:

(1)环境因素,包括国家的经济前景、市场需求水平、技术发展竞争态势、政治法律状况等。

(2)组织因素,包括企业自身的经营战略、组织制度、经营目标等。

(3)人际因素,购买过程中各种角色的职务、地位、态度、利益和相互关系都会影响购买行为。

(4)参与购买的人的个人因素,如年龄、教育、个性、偏好、风险意识都会影响购买行为。

在企业中,购买环节比较复杂,许多产品的购买决策要经过采购部门、技术部门、财务部门、高层领导等共同决策。在案例中,企业的工程师、总工程师等技术人员会决定产品的购买与否,采购部门的职责是根据技术人员的购买决策进行购买,他们只是购买者而不是决策者。

2.请找出李宾在生产者市场推销失败的原因。

答:(1)在案例1中,生产者市场上参与购买的人包括工厂的工程师、总工程师等技术人员。采购部门的职责主要是根据技术人员的购买决策购买产品,他们只是购买者而非决策者,所以李宾仅与采购人员搞好关系是不够的。

(2)在案例2中,李宾从其他业务员手中接过某发电厂的业务,并与采购人员、技术人员建立了密切的关系。但李宾没有认识到这种“密切关系”是建立在业务的基础之上的,当李宾没有及时处理出现质量问题的新品时,这种关系就面临着破裂。因此,“客户至上”,及时处理客户问题,满足客户需求,才是建立密切关系的基础。

(3)在案例3中,该厂的资金有限,经营目标是降低总成本,只购买低价实用的产品。李宾推销的产品优质,但是价格偏高,他没有事先了解这个企业的经营目标及其对产品的需求状况。

(4)在案例4中,推销人员必须关注产品的使用者和购买者在绩效评价中是否使用了同一标准。李宾公司的仪表功能多,结构复杂,易于损坏;而竞争品牌的功能少,结构简单,不易损坏。该电厂在绩效评价中没有注意到这个差别,得出的结论有些片面,而作为推销人员的李宾也没有认识到评价标准的不同,使本公司产品失去了销售的机会。

第八章　目标市场营销

一、学习目的

通过本章的学习，掌握市场细分、市场选择、市场定位战略的相关知识和理论，能够采用适宜的市场细分标准进行市场细分、市场评估，选择目标市场，并制定准确的目标市场战略和定位战略。

二、重点内容

（一）市场细分

市场细分就是企业根据自身条件和营销目标，以消费需求的某些特征或变量为依据，区分具有不同需求的顾客群体的过程。

市场细分后所形成的具有相同需求的顾客群体被称为细分市场。在同类产品市场上，同一细分市场的顾客需求具有较大的共同性，不同细分市场之间的需求具有较大的差异性，企业应明确有多少细分市场及各细分市场的主要特征。

1. 市场细分战略的产生与发展

市场细分是 20 世纪 50 年代中期美国市场营销学家温德尔·斯密（Wendell R. Smith）提出的，其产生与发展经历了大量营销阶段、产品差异化营销阶段、目标营销阶段。

2. 市场细分的作用

有利于发现市场机会；有利于选择目标市场；有利于制定市场营销组合策略；有利于提高企业的竞争能力；有利于提升顾客的忠诚度。

3. 市场细分的原理与理论依据

（1）市场细分的原理。当顾客对某种产品的需求一致时，市场不需要进行细分。当顾客的需求有明显的差异时，每一种有特色的需求都可以被视为一个细分市场。一般情况下，按照“求大同，存小异”的原则，对这些不同的需求进一步归纳合并，提供不同的产品满足不同的需求。

（2）市场细分的基本模式。根据顾客对不同产品属性的重视程度，可以分为三种偏好模式：同质偏好、分散偏好、集群偏好。

4. 市场细分的标准

(1)消费者市场细分的标准。其标准可归纳为四大类:地理环境变量、人口变量、心理变量和行为变量。

(2) 生产者市场细分的标准。生产者市场细分的标准,有些可以采用消费者市场细分的标准;但还需要使用一些其他的变量,如经营变量、采购方法变量、情况变量和个性特征变量。

5. 市场细分的原则

选择细分市场必须具备以下条件:可衡量性、可实现性、可盈利性、可区分性。

(二)市场选择

1. 选择目标市场

目标市场是企业打算进入的细分市场,或打算满足的具有某一需求的顾客群体。企业选择目标市场时有五种可供考虑的市场覆盖模式:市场集中化、选择性专业化、产品专业化、市场专业化、市场全面覆盖。

2. 目标市场战略的类型

(1)无差异性营销战略:企业不考虑各子市场的特性,不进行市场细分,把整体市场作为一个大的目标市场,用一种产品,统一的营销组合策略对待整个市场,力求在一定程度上满足尽可能多的顾客的需求。该模式最大程度节约成本,但对大多数产品并不合适。

(2)差异性营销战略:企业在市场细分的基础上,根据企业的资源和营销实力,分别为不同的细分市场制定不同的营销组合策略,以满足各个细分市场的需要。该模式可以满足不同特征顾客群的需求,缺点是会导致营销费用大幅增加。

(3)集中性营销战略:企业在市场细分的基础上,选择其中一个或少数几个细分市场作为目标市场,开发相应的营销组合策略,实行集中营销。这种战略适合规模小、资源有限的企业。

3. 选择目标市场营销战略的条件

选择目标市场营销战略主要考虑企业能力、产品同质性、产品寿命周期、市场类同性、竞争者的战略。

(三)市场定位

1. 市场定位的含义和方式

(1)市场定位的概念。市场定位是由艾尔·里斯和杰克·特劳特在1972年提出。市场定位是指根据竞争者现有产品在细分市场上所处的地位和顾客对产品某些属性的重视程度,塑造出本企业产品与众不同的鲜明个性或形象,并传递给目标顾客,使该产品在细分市场上占有强有力的竞争位置。

(2)市场定位的方式。市场定位作为一种竞争战略,显示了一种产品或一家企业同类似的产品或企业之间的竞争关系。定位方式不同,竞争态势也不同,主要定位方式有三种:避强定位、对抗性定位、重新定位。

2. 市场定位的步骤

(1)识别潜在竞争优势。识别潜在竞争优势是市场定位的基础。企业的竞争优势通常表现在两方面:成本优势和产品差别化优势。

(2)企业核心竞争优势定位。核心竞争优势是与主要竞争对手相比,企业在产品开发、服务质量、销售渠道、品牌知名度等方面所具有的可获取明显差别利益的优势。

(3)制定发挥核心竞争优势的战略。企业在市场营销方面的核心能力与优势,不会自动地在市场上得到充分的表现,必须制定明确的市场战略来加以体现。

3. 市场定位战略

(1)产品差别化战略,即是从产品质量、产品款式等方面实现差别。寻求产品特征是产品差别化战略经常使用的手段。

(2)服务差别化战略,即是向目标市场提供与竞争者不同的优异服务。企业的竞争力越是体现在顾客服务水平上,市场差别化就越是容易实现。

(3)人员差别化战略,即是通过聘用和培训比竞争者更为优秀的人员以获取差别优势。

(4)形象差异化战略,即是在产品的核心部分与竞争者雷同的情况下塑造不同的产品形象以获取差别优势。

课后练习

【名词解释】

1.市场细分　2.目标市场　3.市场定位　4.地理因素细分　5.心理因素细分　6.行为因素细分　7.无差异性营销战略　8.差异性营销战略　9.集中性营销战略

【单项选择题】

1.同一细分市场的顾客要求具有(　　)。

A.绝对的共同性　　B.较多的共同性

C.较少的共同性　　D.较多的差异性

2.无差异性目标市场策略主要适用于(　　)的情况。

A.企业实力较弱　　B.产品性质相似

C.市场竞争者多　　D.消费需求复杂

3.(　　)是细分国际市场最常用的变量。

A.经济变量　　B.政治变量

C.组合变量　　D.地理变量

4.(　　)差异的存在是市场细分的客观依据。

A 产品　　B.价格

C.需求偏好　　D.细分

5.企业用收入、职业、受教育程度等变量将消费市场细分,这种细分的方式属于(　　)。

A.人口细分　　B.地理细分

C.心理细分　　D.行为细分

6.在中秋节、情人节等节日即将来临的时候,许多商家都大做广告,以促销自己的产品。他们对市场进行细分的方法是(　　)。

A.地理细分　　B.人口细分

C.心理细分　　D.行为细分

7.按照消费者购买或使用某种产品的时机、使用者的情况及所追求的利益不同来细分市场称为(　　)。

A.心理细分　　B.地理细分

C.人口细分　　D.行为细分

8. 属于产业市场细分标准的是(　　)。

A.职业　　B.生活格调

C.用户规模　　D.收入

9. 企业所选择的目标市场是否易于进入,这是市场细分的(　　)。

A.可衡量性　　B.可实现性

C.可盈利性　　D.可区分性

10. 采用(　　)的模式的企业应具有较强的资源营销实力。

A. 市场集中化　　B. 市场专业化

C. 产品专业化　　D. 市场全面覆盖

11. 对于同质性较高的产品，宜采用(　　)。

A. 产品专业化　　B. 市场专业化

C. 无差异营销　　D. 差异营销

12. 采用无差异营销战略的最大优点是(　　)。

A. 市场占有率高　　B. 成本的经济性

C. 市场适应性强　　D. 需求满足程度高

13. 某公司对市场进行细分之后，决定占领其中几个细分市场，并希望在每个细分市场中获得较高销售额，该公司采用的目标市场策略为(　　)。

A. 市场集中化　　B. 市场专业化

C. 产品专业化　　D. 选择专门化

14. 如果企业的实力不强、资源有限，最好选择(　　)战略。

A. 无差异性营销　　B. 差异性营销

C. 集中性营销　　D. 分散性营销

15. "七喜"饮料一问世就向消费者宣称，"我不是可乐，我可能比可乐更好"，突出宣传不含咖啡因的特点，其采取的市场定位策略是(　　)。

A. 阵地防御策略　　B. 迎头定位策略

C. 非价格竞争策略　　D. 避强定位策略

16. 企业定位于市场"空白点"的定位策略是(　　)。

A. 迎头定位策略　　B. 避强定位策略

C. 重新定位策略　　D. 二次定位策略

17. 某机械工程公司专门向建筑业用户供应推土机、打桩机、起重机、水泥搅拌机等建筑工程中所需要的机械设备，这是一种(　　)策略。

A. 市场集中化　　B. 市场专业化

C. 全面市场覆盖　　D. 产品专业化

18. 在市场营销工作中，从顺序上来看，市场细分、市场定位、目标市场选择这三项活动的逻辑关系是(　　)。

A. 市场细分—目标市场选择—市场定位

B. 市场定位—目标市场选择—市场细分

C. 目标市场选择—市场细分—市场定位

D. 市场定位—目标市场选择—市场细分

19. 产品差别化战略是从(　　)等方面实现差别。

A. 产品优势　　B. 定位方法

C. 产品质量　　D. 产品款式

20. 在用(　　)进行消费者市场细分时，用单一标准细分市场很容易得出偏颇的结论。

A. 地理环境变量　　B. 人口变量
C. 心理变量　　D. 行为变量

【多项选择题】

1. STP 营销通常指的是(　　)。
A. 市场调查　　B. 市场预测
C. 目标市场选择　　D. 市场定位
E. 市场细分

2. 市场细分的原则包括(　　)。
A. 可控制性　　B. 可实现性
C. 可区分性　　D. 可衡量性
E. 可盈利性

3. 企业选择目标市场要考虑的基本条件是(　　)。
A. 市场有一定数量的潜在需求　　B. 市场有一定的购买力
C. 企业有很强的竞争实力　　D. 符合企业的目标和能力
E. 有很少的竞争者

4. 按照消费者对品牌忠诚程度行为变数来细分,可把所有消费者细分为(　　)等不同的消费者群。
A. 绝对忠诚者　　B. 中度忠诚者
C. 轻度忠诚者　　D. 多变者或游离者
E. 转移型忠诚者

5. 按照消费者对产品的使用情况来细分市场,可分为(　　)。
A. 未使用者　　B. 曾经使用者
C. 潜在使用者　　D. 初次使用者
E. 经常使用者

6. 属于行为细分的变数包括(　　)。
A. 利益追求　　B. 购买时机
C. 购买准备阶段　　D. 购买动机
E. 生活方式

7. 作为人口细分变数的家庭状况因素包括(　　)。
A. 家庭收入　　B. 家庭人口
C. 家庭宗教信仰　　D. 家庭生命周期
E. 家庭民族构成

8. 细分消费者市场的依据有(　　)。
A. 用户规模　　B. 地理变量
C. 行为变量　　D. 心理变量
E. 人口因素

9. 生产者市场的主要细分变量包括(　　)。
A. 人口变量　　B. 经营变量

C. 采购方法变量　　　　　　D. 情况变量

E. 个性特征变量

10. 在(　　)情况下，适宜选择集中性营销策略(产品成熟期)。

A. 消费者需求的差异性不明显

B. 企业所掌握的资源及生产能力一般

C. 产品的差异性大

D. 竞争对手已普遍地采用了差异性营销策略

E. 消费者的需求差异性明显

11. 企业在市场定位过程中(　　)。

A. 要避开竞争者的市场定位

B. 要研究目标顾客对该新产品各种属性的重视程度

C. 要选定本企业产品的特色和独特形象

D. 要了解竞争产品的市场定位

E. 要充分了解强调本企业产品的质量优势

12. 从经济核算的角度看，市场并不是划分得越细越好，其主要原因是，如果市场划分得过细，则必然带来(　　)。

A. 生产成本提高　　　　　　B. 消费需求变化加快

C. 销售费用增加　　　　　　D. 购买环节增多

E. 技术的进步

13. 当强大的竞争对手采用无差异市场营销时，企业则应实行(　　)。

A. 差异市场营销　　　　　　B. 无差异市场营销

C. 集中市场营销　　　　　　D. 无差异或集中市场营销

E. 反季节营销

14. 企业进行市场定位的方式主要有(　　)。

A. 产品差异化　　　　　　B. 服务差异化

C. 避强定位　　　　　　D. 迎头定位

E. 重新定位

15. 企业在选择目标市场营销战略时应考虑(　　)。

A. 企业资源　　　　　　B. 产品同质性

C. 市场同质性　　　　　　D. 产品生命周期

E. 竞争对手战略

【判断题】

1. 市场细分只是一个理论抽象，不具有实践性。　(　　)

2. 市场细分也就是市场分类，即企业通过对不同商品进行分类，以满足不同需要的活动。　(　　)

3. 市场细分标准中有些因素相对稳定，多数则处于动态变化中。　(　　)

4. 细分消费者市场的标准，同样也适用于产业市场。　(　　)

5. 通过市场细分过程，细分出的每一个细分市场，对企业市场营销都具有重要的意

义。（　　）

6.企业进行市场细分，既可以按照影响需求的某一个特征因素来细分，也可以按照影响需求的两种或两种以上因素进行综合划分。（　　）

7.企业在市场营销方面的核心能力与优势，会自动地在市场得到表现。（　　）

8.属于同一细分市场的消费者对同一产品具有相似的需求，而属于不同细分市场的消费者则存在明显差异的需求。（　　）

9.市场细分是选择目标市场的目的和归宿。（　　）

10.市场进入壁垒高而退出壁垒低的细分市场是最有吸引力的。（　　）

11.无差异性营销战略和差异性营销战略都是企业面向整个市场或其中大部分市场。而采取集中性营销战略的企业则是把自己的目标集中在一个或几个子市场上。（　　）

12.无差异性营销战略完全不符合现代市场营销理论。（　　）

13.早期的可口可乐在世界各地都用同一种口味、同一种包装和相同的营销战略，这采用的是无差异性营销战略。（　　）

14.企业在需求增长缓慢、弹性较大而产品服务差异小的细分市场将面临更为激烈的挑战。（　　）

15. 一个理想的目标市场必须有足够的市场需求。（　　）

【简答题】

1.市场细分对企业营销具有哪些作用?

2.市场细分应遵循的基本原则有哪些?

3.细分消费者市场主要依据哪些变量?

4.细分生产者市场主要依据哪些变量?

【案例分析题】

众所周知，牛仔裤的鼻祖是李维斯(Levi's)，出现比它晚近40年的Lee牌牛仔裤在竞争激烈的牛仔裤市场中能够迅速成长，制胜的法宝之一就是正确的市场定位。

Lee抓住的是长久以来一直被忽略的一个市场——女性市场。对这一市场的主体——25～44岁的女性消费者的定性研究表明，这一群体对牛仔裤情有独钟，因为牛仔裤是她们青春的见证、成长的伴侣，而“贴身”是这一群体最关心的。大多数女性都需要一件腰部和臀部都很合身且让人活动自如的牛仔裤，而她们平均要试穿16件牛仔裤才能找到一件称心如意的。于是，Lee聪明地定位于此，在产品设计上一改传统的直线裁剪，突出女性的身材和线条；在广告中充分体现Lee恰到好处的贴身、穿脱自如。“最贴身的牛仔裤”是Lee的经典广告文案，一个“贴”字将Lee的与众不同表达得淋漓尽致。

但Lee的中间商和零售商不了解这一定位的绝妙之处，他们的错误坚持曾让Lee的广告走入误区，使其变得和其他品牌没什么两样。之后Lee的销售陷入困境，Lee公司总结了教训，Lee又重返Fit，贴近了目标市场，Lee才重获生机并蓬勃发展起来。

“如果你和大多数美国女人一样，衣柜里放了3条或4条牛仔裤，有一条太小，有一条太大，有一条则令人绝望。然而有一条非常合身，每次你都会穿它。”这虽是Lee的又一条广告语，但绝非夸张之词。在女性对买到合身的牛仔裤已快失去信心的时候，是Lee让她们感到那是专为她们设计的最贴身的时装，而且 Lee 还是唯一一个能够适合所有场合的品牌。妇女们终于有了"精心、安全的选择"，"最贴身的牛仔裤" Lee 简直成了一种日常用品，且与她们的生活息息相关。

（资料来源：http://blog.sina.com.cn/s/blog_943fe5f101014hei.html。）

请分析讨论：

1. Lee 牌牛仔裤公司为什么要进行市场细分？消费者市场细分的依据是什么？

2. Lee 牌牛仔裤公司根据什么进行市场细分？这种细分考虑的因素及其成功的依据是什么？

3. Lee 牌牛仔裤公司是如何适应目标市场变化的？

参考答案

【名词解释】

1. 市场细分：企业根据自身条件和营销目标，以顾客需求的某些特征或变量为依据，区分具有不同需求的顾客群体的过程。

2. 目标市场：企业打算进入的细分市场，或打算满足的具有某一需求的顾客群体。

3. 市场定位：根据竞争者现有产品在细分市场上所处的地位和顾客对产品某些属性的重视程度，塑造出本企业产品与众不同的鲜明个性或形象，并传递给目标顾客，使该产品在细分市场上占有强有力的竞争位置。

4. 地理因素细分：企业按照消费者所在的地理位置、自然环境细分市场，具体变量包括国家、地区、城市规模、不同地区的气候及人口密度等。

5. 心理因素细分：按照消费者的心理特征细分市场，主要包括个性、购买动机、价值观念、生活格调、追求的利益等。

6. 行为因素细分：按照消费者的购买行为细分市场，包括消费者进入市场的程度、使用频率、偏好程度等。

7. 无差异性营销战略：企业不考虑各子市场的特性，不进行市场细分，把整体市场作为一个大的目标市场，用一种产品，统一的营销组合策略对待整个市场，力求在一定程度上满足尽可能多的顾客的需求。该模式最大程度节约成本，但对大多数产品并不合适。

8. 差异性营销战略：企业在市场细分的基础上，根据企业的资源和营销实力，分别为不同的细分市场制定不同的营销组合策略，以满足各个细分市场的需要。该模式可以满足不同特征顾客群的需求，缺点是会导致营销费用大幅增加。

9. 集中性营销战略：企业在市场细分的基础上，选择其中一个或少数几个细分市场作为目标市场，开发相应的营销组合策略，实行集中营销。这种战略适合规模小、资源有限的企业。

【单项选择题】

1. B　2. B　3. D　4. C　5. A　6. D　7. D　8. C　9. B　10. D

11. C　12. B　13. D　14. C　15. B　16. B　17. B　18. B　19. C　20. B

【多项选择题】

1. CDE　2. BCDE　3. ABD　4. ABD　5. ABCDE

6. ABC　7. ABCDE　8. BCDE　9. ABCDE　10. BD

11. BCD　12. AC　13. AC　14. CDE　15. ABCDE

【判断题】

1. ×　2. ×　3. √　4. √　5. ×　6. √　7. ×　8. √　9. ×　10. √

11. √　12. ×　13. √　14. √　15. √

【简答题】

1. 市场细分对企业营销具有哪些作用？

答:(1)有利于发现市场机会。市场细分可以帮助企业发现有吸引力的市场环境机会,充分发挥企业的资源条件,满足消费者的需求,获取良好的营销效益。

(2)有利于选择目标市场。通过市场细分,企业能准确鉴别各细分市场的特点,进行有针对性的市场营销。

(3)有利于制定市场营销组合策略。最佳的营销组合只能是市场细分的结果。

(4)有利于提高企业的竞争能力。市场细分能帮助企业分清竞争者的优势和劣势,找到竞争取胜的关键和突破口。

(5)有利于提升顾客的忠诚度。

2.市场细分应遵循的基本原则有哪些?

答:(1)可实现性,即企业根据目前的人、财、物和技术等资源条件,通过适当的营销组合策略是否可以占领所选择的目标市场。

(2)可盈利性,所选择的细分市场应当有一定的盈利规模,且有一定的发展潜力。

(3)可衡量性,表明该细分市场特征的有关数据必须能够加以衡量和推算。

(4)可区分性,细分市场在概念上能被区分并对不同的营销组合因素和方案有不同的反应。

3.细分消费者市场主要依据哪些变量?

答:消费者市场细分的主要变量包括:

(1)地理环境变量,具体变量包括国家、地区、城市规模、不同地区的气候及人口密度等。

(2)人口变量,包括年龄、婚姻、职业、性别、收入、教育程度、家庭生命周期、国籍、民族、宗教、社会阶层等变量。

(3)心理变量,包括个性、购买动机、价值观念、生活格调、追求的利益等变量。

(4)行为变量,包括消费者进入市场的程度、使用频率、偏好程度等变量。

4.细分生产者市场主要依据哪些变量?

答:生产者市场细分,除可利用部分细分消费者市场的变量外,还需要使用一些其他的变量:

(1)经营变量,包括技术、使用者或非使用者情况、顾客能力。

(2)采购方法变量,包括采购职能组织、权力结构、与用户的关系、采购政策、购买标准。

(3)情况变量,包括紧急情况、特别用途、订货量。

(4)个性特征变量,包括购销双方的相似点、对待风险的态度、忠诚度。

【案例分析题】

1.Lee牌牛仔裤公司为什么要进行市场细分?消费者市场细分的依据是什么?

答:顾客需求偏好差异的存在,是市场细分的客观依据;企业资源的限制和有限的市场竞争能力是市场细分的外在强制条件。

消费者市场细分的主要依据有地理环境变量、人口变量、心理变量和行为变量等。

2.Lee牌牛仔裤公司根据什么进行市场细分?这种细分考虑的因素及其成功的依据是什么?

答：该公司主要根据人口变量进行市场细分。这种按人口细分的市场细分依据主要考虑目标顾客的年龄、性别、收入、职业、教育水平、家庭规模、家庭生命周期等因素。人口变量一直以来都是细分消费者市场的一个重要变量，在很多情况下，根据人口变量细分能够成功，就是因为人口变量比其他变量更容易预测和测量。

3. Lee 牌牛仔裤公司是如何适应目标市场变化的？

答：该公司主要通过产品策略的改变来适应目标市场的变化。比如，该公司根据女性消费者对身材和线条的追求，根据消费者的体型和偏好来重新设计产品，使其更加符合目标消费人群的需要。这种产品策略的改变主要体现在产品质量水平、外观特色、尺寸、样式、包装等方面。

第九章　市场竞争战略的选择

一、学习目的

通过本章学习，了解竞争者的特点，明确如何确定竞争对象和竞争战略，掌握竞争者分析的内容，理解竞争性地位的分析思路；熟悉市场领导者、市场挑战者、市场跟随者及市场利基者的战略。

二、重点内容

(一)竞争者的识别与分析

1.识别竞争者

(1)从行业结构角度识别竞争者。行业是一组提供一种或一类密切替代产品的相互竞争的公司群。同行业企业提供的产品具有高度需求交叉弹性，企业必须分析本行业的行业结构。决定行业结构的主要因素：销售数量和产品差异程度、进入与流动障碍、退出与收缩障碍、成本结构、纵向一体化、全球经营。

(2)从业务范围导向识别竞争者。每个企业都要根据内部和外部条件确定自身的业务范围，并随着实力的增加而扩大业务范围。常用的业务范围导向有产品导向、技术导向、需求导向、顾客导向和多元导向。

2.判定竞争者的战略和目标

战略群体指在某特定行业内推行相同战略的一组公司。公司最直接的竞争者是那些处于同一行业同一战略群体的公司。区分战略群体有助于认识以下三个问题：不同战略群体的进入与流动障碍不同；同一战略群体内的竞争最为激烈；不同战略群体之间存在现实或潜在的竞争。

通常认为，所有竞争者都是最大限度地追求利润并相应地选择其行动，但是每个公司对长期利润和短期利润的重视程度不同，对利润满意水平的看法不同，每一个竞争者并不是追求单一的目标，而是综合目标。企业通常需要对竞争者所属的战略群体做出判断。公司必须不断地观察竞争者的战略并修改自己的战略。

3.评估竞争者的实力和反应

(1)评估竞争者的优势和劣势。竞争者能否执行和实现战略目标，取决于资源和能力。评估竞争者可以按收集信息、分析评价、定点超越三个步骤进行。

(2)评估竞争者的反应模式。竞争者的反应模式有以下四种:从容型竞争者、选择型竞争者、凶狠型竞争者和随机型竞争者。

4.进攻与回避对象的选择

在了解竞争者以后,企业要确定竞争者和攻击的对象,主要有以下三种情况:强竞争者与弱竞争者、近竞争者和远竞争者、"好"竞争者与"坏"竞争者。但也要意识到,竞争者的存在会给公司带来一些战略利益。如增加总需求,导致产品有更大的差别,为效率较低的生产者提供成本保护伞,分摊市场开发成本,服务于吸引力不大的细分市场等。

(二)市场领导者战略

市场领导者指相关产品在市场上占有最大份额,在价格变化、新产品开发、分销渠道建设和促销战略等方面对本行业其他公司起着领导作用的公司。市场领导者要击退其他公司的挑战,保持第一位的优势,必须从三个方面努力:扩大总需求,保持现有市场份额,扩大市场份额。

1.扩大总需求

市场领导者占有的市场份额最大,在市场总需求扩大时受益也很多。扩大总需要的途径是开发产品的新用户、寻找产品的新用途和增加顾客使用量。

2.保持现有市场份额

市场领导者公司在力图扩大市场总需求的同时,还必须时刻注意保护自己的现有业务免遭竞争者入侵。最好的防御方法是发动最有效的进攻,不断创新、永不满足,在新产品开发、降低成本、分销渠道建设和顾客服务方面成为本行业的先驱,持续增加竞争效益和顾客让渡价值。

防守战略的基本目标是减少受到攻击的可能性,或将进攻目标引到威胁较小的区域并设法减弱进攻的强度,主要防御战略有阵地防守、侧翼防御、以攻为守、反击防御、机动防御、收缩防御。

3.扩大市场份额

一般而言,如果单位产品价格不降低且经营成本不增加,企业利润会随着市场份额的扩大而提高。市场份额的扩大并不意味着利润的增加,还应考虑经营成本、营销组合、反垄断法三个因素。

(三)市场挑战者战略

市场挑战者指在行业中占据第二位或之后的位置,有能力对市场领导者和其他竞争者发起攻击行动,希望夺取市场领导者地位的公司。

1.确定战略目标与竞争对手

大多数市场挑战者的目标是增加自己的市场份额和利润,减少对手的市场份额。所要进攻的竞争对手可以有三种选择:攻击市场领导者;攻击规模相同但经营不佳、资金不足的公司；攻击规模较小、经营不善、资金缺乏的公司。

2. 选择进攻战略

选择进攻战略应遵循“密集原则”，即把优势兵力集中在关键的时刻和地点，以达到决定性的目的。具体战略有正面进攻、侧翼进攻、包围进攻、迂回进攻、游击进攻。

(四)市场追随者与市场利基者战略

1. 市场追随者战略

市场追随者指那些在产品、技术、价格、渠道和促销等大多数营销战略上模仿或跟随市场领导者的公司。许多居第二位或之后位次的公司往往选择追随而不是挑战，制定有利于自身发展而不引起竞争者报复的战略，主要有紧密跟随、距离跟随、选择跟随。

2. 市场利基者战略

(1)规模较小且大公司不感兴趣的细分市场被称为利基市场。专门为规模较小的或大公司不感兴趣的细分市场提供产品和服务的公司被称为市场利基者。市场利基者的作用是拾遗补阙、见缝插针，虽然在整体市场上仅占较小的份额，但是比其他公司更了解和满足某一细分市场的需求，能够充分地了解和满足某一细分市场的需求，能够提供高附加值并得到高利润和快速增长。

(2)理想的利基市场的特征：具有一定的规模和购买力，能够盈利；具备发展潜力；强大的公司对这一市场不感兴趣；本公司具备向这一市场提供优质产品和服务的资源和能力；本公司在顾客中建立了良好的声誉，能够抵御竞争者入侵。

(3)市场利基者竞争战略。关键是实现专业化，主要途径有：最终用户专业化，垂直专业化，顾客规模专业化，特殊顾客专业化，地理市场专业化，产品或产品线专业化，产品特色专业化，客户订单专业化，质量价格专业化，服务专业化，销售渠道专业化。

课后练习

【名词解释】

1.竞争者　2.市场领导者　3.市场挑战者　4.市场跟随者　5.市场利基者

【单项选择题】

1.占有最大的市场份额，在价格变化、新产品开发、分销渠道建设和促销战略等方面对本行业其他公司起着领导作用的公司，被称为(　　)。

A.市场领导者　　B.市场挑战者

C.市场利基者　　D.市场跟随者

2.生产婴幼儿食品的企业将其食品投向老年人市场，是通过(　　)寻找市场营销机会的方法。

A.产品开发　　B.市场开发

C.市场渗透　　D.多种经营

3.市场总需求扩大时受益最多的是(　　)。

A.好竞争者　　B.市场追随者

C.市场领导者　　D.市场利基者

4.市场追随者在竞争战略上应当(　　)。

A.攻击市场领导者　　B.向市场领导者挑战

C.跟随市场领导者　　D.不做出任何竞争反应

5. 企业要制定正确的竞争战略和策略，就应深入地了解(　　)。

A.技术创新　　B.消费需求

C.竞争者　　D.自己的特长

6. 市场领导者保护其市场份额的途径是(　　)。

A.以攻为守　　B.增加使用量

C.转变未使用者　　D.寻找新用途

7.市场领导者扩大市场总需求的途径是(　　)。

A.寻找产品的新用途　　B.以攻为守

C.扩大市场份额　　D.正面进攻

8.杜邦公司发明尼龙后，不断发现这种产品的新用途，从最初的用于制作降落伞绳到用于制作妇女丝袜，再到用于制作汽车轮胎、地毯等，其产品用途不断增加，这是市场领先者采取的(　　)策略。

A.保护原有市场份额　　B.扩大市场需求总量

C.提高市场占有率　　D.专业化

9.结合盈利能力考虑，企业的市场份额(　　)。

A.越大越好　　B.存在最佳市场份额限度

C.以50%市场份额为限　　D.不存在上限

10. 市场挑战者集中优势力量攻击对手的弱点，这种策略是(　　)。

A. 正面进攻　　B. 侧翼进攻

C. 包围进攻　　D. 游击进攻

11. 在各个细分市场和市场营销组合方面尽可能效仿主导者的跟随战略是(　　)。

A. 紧密跟随　　B. 距离跟随

C. 选择跟随　　D. 仿制跟随

12. 某企业精心服务于市场的某些细小分布而不是与主要企业竞争，只是通过专业化经营占据有利的市场位置，该企业被看作(　　)。

A. 市场主导者　　B. 市场追随者

C. 市场挑战者　　D. 市场利基者

13. 市场利基者发展的关键是实现(　　)。

A. 多元化竞争　　B. 避免竞争

C. 紧密跟随　　D. 专业化

14. 当一个企业规模较小，人力、物力、财力都比较薄弱时，应当采取(　　)竞争策略。

A. 进攻策略　　B. 专业化经营

C. 市场多角化　　D. 防御策略

15. 美国宝洁公司在市场上属于强劲的竞争者，一旦受到挑战，就会立即发起猛烈的全面反击，同行业的竞争者都避免与之正面直接交锋。因此，宝洁公司是(　　)。

A. 随机型竞争者　　B. 凶狠型竞争者

C. 选择型竞争者　　D. 从容型竞争者

16. 企业对市场竞争因素变化做出的反应是随机的，使竞争对手觉得不可捉摸。这类竞争者被称为(　　)。

A. 从容型竞争者　　B. 选择型竞争者

C. 凶狠型竞争者　　D. 随机型竞争者

17. 企业在密切注意竞争的同时，不能单纯强调以竞争者为中心而损害更为重要的以(　　)。

A. 利润为中心　　B. 顾客为中心

C. 质量为中心　　D. 市场为中心

【多项选择题】

1. 市场竞争者包括(　　)。

A. 市场领导者　　B. 市场挑战者

C. 市场跟随者　　D. 市场利基者

E. 市场寡头者

2. 市场领导者为保持自己的领导地位，可供选择的策略有(　　)。

A. 提高竞争能力　　B. 扩大市场需求量

C. 开发新产品　　D. 保护市场占有率

E. 提高市场占有率

3. 市场领导者扩大市场总需求的途径是(　　)。

A. 寻找产品的新用途　　B. 以攻为守
C. 扩大市场份额　　D. 正面进攻
E. 保护原有的市场份额

4. 市场挑战者在确定了战略目标和进攻对象以后，还必须制定正确的进攻策略。可供选择的进攻策略主要有（　　）。

A. 正面进攻　　B. 侧翼进攻
C. 包围进攻　　D. 迂回进攻
E. 游击进攻

5. 迂回进攻的具体方法有（　　）。

A. 产品多角化　　B. "声东击西"
C. 市场多角化　　D. 攻击地方性小企业
E. 发展新技术、新产品，以取代现有产品

6. 市场跟随者的跟随战略有（　　）。

A. 主动跟随　　B. 紧密跟随
C. 距离跟随　　D. 选择跟随
E. 仿造名牌

7. 市场利基者的作用是（　　）。

A. 拾遗补阙　　B. 有选择地跟随市场领导者
C. 见缝插针　　D. 攻击市场追随者
E. 打破垄断

8. 市场利基者的主要风险是（　　）。

A. 找不到补缺市场　　B. 竞争者入侵
C. 自身利益弱小　　D. 目标市场消费习惯变化
E. 专业化

9. 竞争者的主要反应类型有（　　）。

A. 从容型竞争者　　B. 反应迟钝的竞争者
C. 选择型竞争者　　D. 凶狠型竞争者
E. 随机型竞争者

10. 下列各项中，属于市场利基者竞争战略的有（　　）。

A. 分工专业化　　B. 市场细分化
C. 垂直专业化　　D. 地理市场专业化
E. 客户订单专业化

【判断题】

1. 如果某个行业具有高的利润吸引力，其他企业会设法进入。（　　）
2. 市场利基战略的特点是进行包围进攻。（　　）
3. 市场追随者要与市场领导者和市场挑战者分担新产品开发等方面所需的经费。（　　）
4. 行业竞争结构不会随时间的推移而变化。（　　）

5. 企业最直接的竞争者是那些同一行业、同一战略群体的企业。（　）

6. 所有竞争者的目标都是追求利润最大化。（　）

7. 攻击弱竞争者能更大幅度地扩大市场占有率和利润水平。（　）

8. 某些基本的市场竞争战略是不会随时间、地点和竞争者改变的。（　）

9. 通过扩大总需求，市场领导者往往受益最多。（　）

10. 市场领导者要保护市场份额，就必须正面攻击市场挑战者。（　）

【简答题】

1. 市场领导者在扩大市场份额时应考虑哪些因素？

2. 市场挑战者的进攻战略有哪些？主要的进攻对象是谁？

3. 市场追随者有哪些可供选择的追随战略？

4. 简述理想的利基市场的特征。

【案例分析题】

"百事可乐"挑战"可口可乐"

世界上第1瓶可口可乐于1886年诞生于美国，距今已有一百多年的历史。这种神奇的饮料以它不可抗拒的魅力征服了全世界数以亿计的消费者，成为"世界饮料之王"，甚至享有"饮料日不落帝国"的赞誉。但是，就在可口可乐如日中天之时，竟然有另外一家同样高举"可乐"大旗、敢于向其挑战的企业，它宣称要成为"全世界顾客最喜欢的公司"，并且在与可口可乐的交锋中越战越强，最终形成分庭抗礼之势，这就是百事可乐公司。

一、新可乐挑战老可乐

世界上第1瓶百事可乐同样诞生于美国，那是在1898年，比可口可乐的问世晚了12年。它的味道同配方绝密的可口可乐相近，于是便借可口可乐之势取名为百事可乐。

可口可乐早在十多年前就已经开始大力开拓市场，到这时早已声名远扬，控制了绝大部分碳酸饮料市场，在人们心目中形成了定式，一提起可乐，就非可口可乐莫属。百事可乐在第二次世界大战以前一直不见起色，曾两度处于破产边缘，饮料市场仍然是可口可乐一统天下。尽管1929年开始的大危机和二战期间，百事可乐为了生存，不惜将价格降至5美分/磅，是可口可乐价格的一半，以至于差不多每个美国人都知道"5分硬币可以多买1倍的百事可乐"的口头禅，但百事可乐仍然未能摆脱困境。

在饮料行业，可口可乐和百事可乐一个是市场领导者，一个是市场追随者（挑战者）。作为市场追随者，有两种战略可供选择：向市场领导者发起攻击以夺取更多的市场份额；或者是参与竞争，但不让市场份额发生重大改变。显然，经过近半个世纪的实践，百事可乐公司发现，后一种选择连公司的生存都不能保障，是行不通的。于是，百事可乐开始采取前一种战略，向可口可乐发出强有力的挑战，这正是二战以后斯蒂尔、肯特、卡拉维等"百事英才"所做的。

二、百事可乐的一代

这时有一个对百事可乐的发展非常有利的环境。二战后，美国诞生了一大批年轻人，他们没有经过大危机和战争洗礼，自信乐观，与他们的前辈们有很大的不同，这些小家伙正在成长，逐步成为美国的主要力量，他们对一切事务的胃口都很大，这为百事可乐针对"新一代"的营销活动提供了基础。

但是，这一切都是在1960年百事可乐把它的广告业务交给BBDO广告公司以后才明白过来的。当时，可口可乐以5∶1的绝对优势压倒百事可乐。BBDO公司分析了消费者构成和消费心理的变化，将火力对准了可口可乐"传统"的形象，做出种种努力来把百事可乐描绘成年轻人的饮料。经过4年的酝酿，"百事可乐新一代"的口号正式面市，并一直沿用了20多年。10年后，可口可乐试图对百事可乐俘获下一代的广告做出反应时，它对百事可乐的优势已经减至2∶1了。而此时，BBDO又协助百事可乐制定了进一步的战略，向可口可乐发起全面进攻，这被世人称为"百事可乐的挑战"。其中两仗打得十分出色。

第一个漂亮仗是品尝实验和其后的宣传活动。1975年，百事可乐在达拉斯进行了品尝实验，将百事可乐和可口可乐都去掉商标，分别以字母M和Q做上暗记，结果表明，百事可乐比可口可乐更受欢迎。随后，BBDO公司对此大肆宣扬，在广告中表现的是，可口可乐的忠实主顾选择标有字母M的百事可乐，而标有字母Q的可口可乐却无人问津。广告宣传完全达到了百事可乐和BBDO公司所预期的目标：让消费者重新考虑他们对"老"可乐的忠诚，并把它与"新"可乐相比较。可口可乐对此束手无策，除了指责这种比较不道德，并且认为人们对字母M有天生的偏爱之外，毫无办法。结果，百事可乐的销售量猛增，与可口可乐的差距缩小为2∶3。

1983年底，BBDO广告公司又以500万美元的代价，聘请迈克尔·杰克逊拍摄了两部广告片，并组织杰克逊兄弟进行广告旅行。这位红极一时的摇滚乐歌星为百事可乐赢得了年轻一代狂热的心，广告播出才1个月，百事可乐的销量就直线上升。据百事可乐公司自己统计，在广告播出的1年中，大约97%的美国人收看过，每人达12次。

几乎与此同时，百事可乐利用可口可乐和包装商们的利益纷争，以及美国联邦贸易委员会对饮料行业特许包装体制的反对，争取过来数家包装商，并且让可口可乐公司遭受了一次非常公开的挫折。1984年5月，负责官方饮料供应的快餐联号伯格·金公司因不满可口可乐转向其竞争对手麦当劳公司，于是交给百事可乐一纸合同，让它为全美2300家伯格·金快餐店提供3000万升饮料，仅此一项每年为百事可乐增加3000万美元的收入。伯格·金的"倒戈"，令百事可乐获益匪浅。

百事可乐只有三十多岁的经理约翰·斯卡利坚信："基于口味和销售两个原因，百事可乐终将战胜可口可乐。"这一预言现在终于变成了现实。在百事可乐发起挑战之后不到3年，美国《商业周刊》就开始怀疑可口可乐是否有足够的防卫技巧和销售手段来抵御百事可乐的猛烈进攻。1978年6月12日，《商业周刊》的封面赫然印着"百事可乐荣膺冠军"。A.C.尼尔森关于商店里饮料销售情况的每月调查报告也表明：百事可乐第一次夺走了可口可乐的领先地位。

（资料来源：《向强者挑战——百事可乐的市场竞争战略》，《种子世界》，2010年第12期。）

请分析讨论：

1. 百事可乐如何对可口可乐发起攻击？

2. 百事可乐在攻击市场领导者的过程中采取了哪些进攻策略？

参考答案

【名词解释】

1. 竞争者：是指那些与本企业提供的商品或服务相类似，并且所服务的目标顾客也相似的其他企业。

2. 市场领导者：指相关产品在市场上占有最大份额，在价格变动、新产品开发、分销渠道建设和促销战略等方面对本行业其他公司起着领导作用的公司。

3. 市场挑战者：在行业中占据第二位或之后的位置，有能力对市场领导者和其他竞争者发起攻击行动，希望夺取市场领导者地位的公司。

4. 市场跟随者：指那些在产品、技术、价格、渠道和促销等大多数营销战略上模仿或跟随市场领导者的公司。

5. 市场利基者：专门为规模较小的或大公司不感兴趣的细分市场提供产品和服务的公司。

【单项选择题】

1. A　2. D　3. C　4. C　5. C　6. A　7. A　8. B　9. B　10. B

11. A　12. D　13. D　14. B　15. B　16. D　17. B

【多项选择题】

1. ABCD　2. BDE　3. AC　4. ABCDE　5. ACE

6. BCD　7. AC　8. BCD　9. ACDE　10. CDE

【判断题】

1. √　2. ×　3. ×　4. ×　5. √　6. ×　7. ×　8. √　9. √　10. ×

【简答题】

1. 市场领导者在扩大市场份额时应考虑哪些因素？

答：市场领导者在扩大市场份额时主要考虑三个方面的因素：①经营成本；②营销组合；③反垄断法。

2. 市场挑战者的进攻战略有哪些？主要的进攻对象是谁？

答：市场挑战者的进攻战略主要有正面进攻、侧翼进攻、包围进攻、迂回进攻和游击进攻五种。

主要的进攻对象包括市场领导者、与自己实力相当者、地方性小企业。

3. 市场追随者有哪些可供选择的追随战略？

答：市场追随者主要有以下追随战略：

(1)紧密跟随。战略突出“仿效”和“低调”。跟随企业在各个细分市场和市场营销组合，尽可能仿效市场领导者，但是它从不激进地冒犯市场领导者的领地，在刺激市场方面保持“低调”，避免与市场领导者发生直接冲突。

(2)距离跟随。战略突出“合适地保持距离”。跟随企业在市场的主要方面，如目标市场、产品创新与开发、价格水平和分销渠道等方面都追随市场领导者，但仍与市场领导者保持若干差异，以形成明显的距离。

(3)选择跟随。战略突出“追随和创新并举”。跟随者在某些方面紧跟市场领导者，而在另一些方面又别出心裁。这类企业不是盲目跟随，而是择优跟随，在跟随的同时还不断地发挥自己的创造性，但一般不与市场领导者进行直接竞争。

4.简述理想的利基市场的特征。

答：具有一定的规模和购买力，能够盈利；具备发展潜力；强大的公司对这一市场不感兴趣；本公司具备向这一市场提供优质产品和服务的资源和能力；本公司在顾客中建立了良好的声誉，能够抵御竞争者入侵。

【案例分析题】

1.百事可乐如何对可口可乐发起攻击？

答：百事可乐的进攻原则是，找到可口可乐作为领先者强势中的弱点，并攻击它们。

(1)最初百事可乐利用可口可乐自认为的瓶装优势进行攻击，以相同价格出售更大容量的可乐。百事可乐不惜将价格降至5美分/磅，是可口可乐价格的一半，以低价位打了一场营销进攻战，一举成为仅次于可口可乐的第二大饮料公司。

(2)针对自身的市场销售情况，利用消费者年龄层次打心理战，对不同的消费群体进行心理细分，推出百事一代策略，成功开辟了年轻消费群体市场，在总体上削弱了可口可乐的领先地位。

2.百事可乐在攻击市场领导者的过程中采取了哪些进攻策略？

答：从进攻策略的角度来看，百事可乐在攻击市场领导者的过程中主要运用了以下三种进攻策略：

(1)正面进攻，即集中全力向对手的主要市场阵地发动进攻，进攻对手的强项而不是弱项。具体表现为：百事可乐在可口可乐全球市场的各个角落，与可口可乐展开了激烈的斗争。

(2)侧翼进攻，即集中优势力量攻击对手的弱点。具体表现为：百事可乐利用可口可乐和包装商们的矛盾，争取了数家包装商的支持，使可口可乐遭受了一次非常公开的挫折。

(3)迂回进攻，即完全避开对手现有阵地而发起进攻。具体表现为：发展无关产品，实行产品多角化；以现有产品进入新地区的市场，实现市场多元化。

第十章　产品策略

一、学习目标

通过本章的学习，理解产品整体概念、产品组合概念、产品组合策略；掌握产品生命周期理论，熟悉产品生命周期各阶段的市场营销策略；懂得新产品的概念及主要类型。

二、重点内容

(一)产品

1. 产品

产品是指通过交换提供给市场的，能满足消费者或用户某一需求和欲望的任何有形物品和无形的服务。

2. 产品整体层次

(1)核心产品：也叫实质产品，是指向消费者提供的产品的基本效用或利益，是顾客所要购买的实质性东西。

(2)形式产品：也叫有形产品，指向市场提供的能满足某种需要的产品实体或服务的外观，如品质、式样、特征、商标及包装。

(3)期望产品：指购买者在购买产品时期望得到的与产品密切相关的一整套属性和条件。

(4)附加产品：也叫延伸产品，是指顾客在购买产品时所获得的全部附加服务和利益，包括提供信贷、免费送货、保证、安装、售后服务等。

(5)潜在产品：指现有产品包括所有附加产品在内的，可能发展成为未来最终产品的潜在状态的产品。

3. 产品整体概念对企业市场营销活动的意义

产品整体概念是指一切能够满足消费者某种需求的有形的物质产品和一系列无形的服务，它包括核心部分、形体部分和附加部分三个层次的内容。

(1)指明了产品是有形特征和无形特征构成的综合体。为此，一方面，企业在产品设计、开发过程中，应有针对性地提供不同功能，以满足消费者的不同需要，同时还要保证产品的可靠性和经济性；另一方面，对于产品的无形特征也应充分重视，因为它也是产品竞争能力的重要因素。

产品的无形特征和有形特征是相辅相成的，无形特征包含在有形特征之中，并以有形特征为后盾；而有形特征又需要通过无形特征来强化。

(2)对产品整体概念的理解必须以市场需求为中心。产品整体概念的几个层次，清晰地体现了一切以市场要求为中心的现代营销观念。一个产品的价值，是由顾客决定的，而不是由生产者决定的。

(3)产品整体概念是一个动态的概念。随着市场消费需求水平和层次的提高，市场竞争焦点不断转移，对企业产品提出更高要求。为适应这样的市场态势，产品整体概念的外延处在不断再外延的趋势之中。当产品整体概念的外延再外延一个层次时，市场竞争又将在一个新领域展开。

(4)产品的差异性和特色是市场竞争的重要内容，而产品整体概念几个层次中的任何一个要素都可能形成与众不同的特点。企业在产品的效用、包装、款式、安装、指导、维修、品牌、形象等每一个方面都应该按照市场需要进行创新设计。

(二)产品组合

1.产品组合

产品组合指一个企业提供给市场的全部产品线和产品项目的组合或结构，即企业的业务经营范围。

2.产品组合的特征

企业的产品组合有一定的宽度、长度、深度和关联性。

(1)产品组合的宽度：是指产品组合中所拥有的产品线数目。

(2)产品组合的长度：是指产品组合中产品项目的总数，以产品项目总数除以产品线数目即可得到产品线的平均长度。

(3)产品组合的深度：是指产品大类中每种产品的花色、品种和规格。

(4)产品组合的关联性：是指各条产品线在最终用途、生产条件、分销渠道或其他方面相互关联的程度。

3.策略类型

(1)扩大产品组合策略。包括拓展产品组合的宽度，延伸产品组合的长度，增加产品组合的深度和加强产品组合的一致性。

(2)缩减产品组合策略。当市场繁荣时，较长、较宽的产品组合会为企业带来较多的盈利机会，但当市场不景气或原料、能源供应紧张时，缩减产品组合反而可能使总利润上升。这是因为从产品组合中剔除了那些获利很小甚至无利的产品大类或产品项目，可使企业集中力量发展获利多的产品大类与产品项目。

(3)产品延伸策略。每一企业的产品都有其特定的市场定位。产品延伸策略指全部或部分地改变公司原有产品的市场定位，具体做法有向下延伸、向上延伸和双向延伸三种。

①向下延伸：指企业原来生产高档产品，后来决定增加低档产品。

②向上延伸:指企业原来生产低档产品,后来决定增加高档产品。

③双向延伸:一方面增加高档产品,另一方面增加低档产品,扩大市场阵地。这种策略在一定条件下有利于扩大市场占有率,增强自己的竞争能力。

(三)产品生命周期

1. 产品生命周期定义

产品生命周期是指产品从投入市场到被市场淘汰所经历的全部运动过程,它是产品的市场寿命,而不是使用寿命。产品只有经过研究开发、试销,然后进入市场,它的市场生命周期才算开始。产品退出市场,标志着生命周期的结束。

2. 产品生命周期主要阶段

(1)投入期。生产批量小,制造成本高,产品技术、性能不完善,尚未建立理想的营销渠道和高效率的分配模式,价格决策难以确定,广告费用大,一般企业利润为负。

(2)成长期。销售量开始迅速增长,生产成本大幅度下降,产品已定型,技术工艺比较成熟,建立了比较理想的营销渠道,竞争开始加剧,企业利润由负变正。

(3)成熟期。产品的销售量从缓慢增加到缓慢递减,市场逐渐呈饱和状态,竞争激烈,一些缺乏竞争能力的企业将渐渐被取代,新加入的竞争者较少,同时利润额开始下滑。

(4)衰退期。销售量加速递减,价格下降到最低水平,消费者兴趣转移,利润也比较快地下降,生产萎缩成本上升。

(四)产品生命周期各阶段的市场营销策略

1. 投入期的营销策略

这一阶段新产品刚投入市场进行销售,由于销售量少而且销售费用高,企业往往无利可图或者获利甚微。

(1)快速撇取策略,即以"高价格—高促销费用"策略推出新产品,迅速扩大销售量来加速对市场的渗透,以图在竞争者还没有反应过来时,先声夺人,把本钱捞回来。采用这一策略的市场条件是:绝大部分的消费者还没有意识到该产品的潜在市场;顾客了解该产品后愿意支付高价;产品十分新颖,具有老产品所不具备的特色;企业面临着潜在竞争。

(2)缓慢撇取策略,即以"高价格—低促销费用"策略推出新产品,高价格可以迅速收回成本撇取最大利润,低促销费用又是减少营销成本的保证。高档进口化妆品大都采取这样的策略。采用这一策略的市场条件是:市场规模有限;消费者大多已知晓这种产品;购买者愿意支付高价;市场竞争威胁不大。

(3)快速渗透策略,即以"低价格—高促销费用"策略,花费大量的广告费,以低价格争取更多消费者的认可,获取最大的市场份额。采取这一策略的市场条件是:市场规模大;消费者对该产品知晓甚少;大多数购买者对价格敏感;竞争对手多,且市场竞争激烈。

(4)缓慢渗透策略,即以"低价格—低促销费用"策略降低营销成本,并有效地阻止竞争对手介入。采取这一策略的市场条件是:市场容量大;市场上该产品的知名度较高;消费者对该产品价格相对敏感;有相当多的竞争对手。

2.成长期的营销策略

成长期的主要标志是销售迅速增长。这是因为,已有越来越多的消费者喜欢这种产品,大批量生产能力已形成,分销渠道也已疏通,新的竞争者开始进入,但还未形成有力的对手。在这一阶段,企业应尽力发展销售能力,紧紧把握能取得较大成就的机会。

(1)改进产品质量和增加产品的特色、款式等。在产品成长期,企业要对产品的质量、性能、式样、包装等方面努力加以改进,以对抗竞争产品。

(2)开辟新市场。通过市场细分寻找新的目标市场,以扩大销售额。在新市场要着力建立新的分销网络,扩大销售网点,并建立好经销制度。

(3)改变广告内容。随着产品市场逐步被打开,该类产品已被市场接受,同类产品的各种品牌都开始走俏。此时,企业广告的侧重点要突出品牌,力争把上升的市场需求集中到本企业的品牌上来。

(4)适当降价。在扩大生产规模、降低生产成本的基础上,选择适当时机降价,适应多数消费者的承受力,并限制竞争者加入。

3.成熟期的营销策略

成熟期的主要特征是“二大一长”,即在这一阶段,产品生产量大、销售量大,阶段持续时间长。同时,市场竞争异常激烈。为此,企业总的营销策略要防止消极防御,采取积极进攻的策略。

(1)市场改进策略:通过扩大顾客队伍和提高单个顾客使用率,来提高销售量。例如,强生婴儿润肤露是专为婴儿设计的,而如今“宝宝用好,您用也好”的宣传,使该产品的目标市场扩展到了成年人,从而扩大了目标市场范围,进入了新的细分市场。

(2)产品改进策略:通过改进现行产品的特性,以吸引新用户或增加新用户使用量。如吉列剃须刀从“安全剃须刀”“不锈钢剃须刀”到“双层剃须刀”“三层剃须刀”,不断改进产品,使其生命周期得以不断延长。

(3)营销组合改进策略:通过改变营销组织中各要素的先后次序和轻重缓急,来延长产品成熟期。

4.衰退期的营销策略

产品进入衰退期,销售量每况愈下;消费者已在期待新产品的出现或已转向;有些竞争者已退出市场,留下来的企业可能会减少产品的附带服务;企业经常调低价格,处理存货,不仅利润下降,而且有损于企业声誉。衰退期的营销策略有以下两种。

(1)收缩策略:即把企业的资源集中使用在最有利的细分市场、最有效的销售渠道和最易销售的品种上,力争在最有利的局部市场赢得尽可能多的利润。

(2)榨取策略:大幅度降低销售费用,也降低价格,以尽可能增加眼前利润。这是因为再继续经营市场下降趋势已明确的产品,大多得不偿失;而且不下决心淘汰疲软产品,还会延误寻找替代产品的工作,使产品组合失去平衡,削弱了企业在未来的根基。

(五)新产品开发

1. 新产品

一种产品只要在功能或形态上得到改进,与原有产品产生差异,并为顾客带来新的利益,即可视为新产品。

2. 新产品类型

①全新产品,即运用新一代科技革命创造的整体更新产品;
②新产品线,使企业首次进入一个新市场的产品;
③现有产品线的增补产品;
④现有产品的改进或更新,对现有产品性能进行改进或注入较多的新价值;
⑤再定位,进入新的目标市场或改变原有产品;
⑥成本减少,以较低成本推出同样性能的新产品。

3. 新产品开发程序

①新产品构思;
②筛选;
③产品概念的形成与测试;
④初拟营销规划;
⑤商业分析;
⑥新产品研制;
⑦市场试销;
⑧商业性投放。

课后练习

【名词解释】

1. 产品　2. 产品组合　3. 产品生命周期　4. 包装　5. 新产品

【单项选择题】

1. 产品特色属于产品整体中的(　　)部分。

A. 核心　　B. 附加

C. 形体　　D. 特设

2. 实体物品的质量水平、外观颜色、式样及品牌名称等，是产品整体概念中的(　　)。

A. 期望价值　　B. 附加内容

C. 基础形式　　D. 核心利益

3. 如果用销量增长率来判断某产品的生命周期，当增长率在 0.1%～10%之间，该产品可能处于生命周期的(　　)。

A. 投入期　　B. 成长期

C. 成熟期　　D. 投入期或成熟期

4. 对现有产品的质量、特点、外观、款式、包装加以全面或局部改良之后生产出来的产品是(　　)。

A. 换代新产品　　B. 重新定位产品

C. 全新产品　　D. 改良产品

5. 产品整体概念中最基本最主要的部分是(　　)。

A. 核心部分　　B. 形体部分

C. 潜在部分　　D. 附加部分

6. 在新产品试销期间，如果(　　)，则企业应不断改进产品，以更好地满足市场需要。

A. 试用率低，再购率高　　B. 试用率低，再购率低

C. 试用率高，再购率低　　D. 试用率高，再购率高

7. 每种产品实质上是为满足市场需要而提供的(　　)。

A. 服务　　B. 质量

C. 效用　　D. 功能

8. 企业利润达到最高是在产品生命周期的(　　)。

A. 投入期　　B. 成长期

C. 成熟期　　D. 衰退期

9. 香水制造商说服那些不用香水的女士使用香水，说服男士用香水，其所采用的是(　　)。

A. 市场改良　　B. 产品改良性

C. 特性改良　　D. 市场营销组合改良

10. 产品组合是指(　　)。

A. 具有相同使用功能、规格不同而满足同类需求的一组产品

B. 企业产品目录上列出的每一个产品

C. 企业生产经营各种不同类型产品之间的组合和量的比例

D. 企业各条产品线在最终用途、生产条件、销售分配渠道及其他方面的密切相关程度

11. 对于产品生命周期衰退阶段的产品,可供选择的营销策略是(　　)。

A. 集中策略　　B. 扩张策略

C. 维持策略　　D. 榨取策略

12. 产品组合的宽度是指产品组合中所拥有的(　　)数目。

A. 产品项目　　B. 产品线

C. 产品种类　　D. 产品品牌

13. 按照产品整体的概念,产品被看作是(　　)。

A. 任何有形物品

B. 任何可以等价交换的服务

C. 任何可以等价交换的有形物品

D. 购买者需要得到的各种有形的利益和无形的满足感

14. 在原有产品大类中又增加新的产品项目,这种做法属于(　　)。

A. 扩大产品组合策略　　B. 产品延伸策略

C. 产品差异化策略　　D. 最佳产品组合策略

15. 扩展产品组合的宽度和加强产品组合深化的决策叫作(　　)。

A. 产品延伸　　B. 产品大类现代化

C. 扩大产品组合　　D. 缩减产品组合

16. 消费者为了物色适当的物品,在购买前往往要到多家零售商店了解和比较商品的花色、式样、质量、价格等的消费品,叫作(　　)。

A. 便利品　　B. 特殊品

C. 选购品　　D. 非渴求物品

17. 在产品生命周期的(　　)阶段,促销显得十分重要。

A. 成熟期　　B. 投入期

C. 投入期和成熟期　　D. 成长期

18. 产品销售增长缓慢,利润增长值接近于0时,此产品已进入产品生命周期的(　　)。

A. 投入期　　B. 成长期

C. 成熟期　　D. 衰退期

19. 在产品处于成熟期后期及衰退期阶段,应采用的是(　　)。

A. 劝说性广告策略　　B. 提醒性广告策略

C. 说明性广告策略　　D. 告知性广告策略

20. 以高价格、低促销费用的形式进行经营，以求得到更多利润的决策是（　　）。

A. 快速撇取策略　　B. 缓慢撇取策略

C. 快速渗透策略　　D. 缓慢渗透策略

【多项选择题】

1. 企业在产品投入期采取缓慢渗透策略的条件是（　　）。

A. 消费者对价格很敏感　　B. 产品已广为人知

C. 竞争者容易进入　　D. 市场规模小但容量大

E. 企业促销能力薄弱

2. 新产品要迅速能被广大消费者所接受，则必须具有（　　）。

A. 较好的适应性　　B. 产品介绍的明确性

C. 可分割性　　D. 复杂性

E. 相对优点

3. 形式产品的内容包括（　　）。

A. 品质　　B. 商标

C. 式样　　D. 特征

E. 包装

4. 下列属于产品品质改良的内容有（　　）。

A. 洗衣机制造商把普通洗衣机改为具有漂洗、甩干多功能的自动、半自动洗衣机

B. 某机械师给手扶割草机增加了具有转化作用的特性，使割草机又可作扫雪机

C. 某服装制造商选用较低质量的材料，使原来面向高收入消费者的产品变为低档产品而寻求新市场

D. 某钟表商改进原有的产品外观，使之变成新花色产品

E. 某肥料制造商免费为客户提供各项服务

5. 产品投入期的营销策略有（　　）。

A. 快速撇取策略　　B. 缓慢撇取策略

C. 快速渗透策略　　D. 缓慢渗透策略

E. 提高产品质量策略

6. 服务产品主要包括（　　）。

A. 售后服务　　B. 辅助服务

C. 便利服务　　D. 咨询服务

E. 核心服务

7. 企业针对成熟期的产品所采取的市场营销策略，具体包括的途径是（　　）。

A. 开发新市场　　B. 开发新产品

C. 寻求新用户　　D. 巩固老用户

E. 改进老产品

8. 企业一般不止经营一种产品，由此形成产品组合，界定产品组合的主要特征是（　　）。

A. 宽度　　B. 长度

C. 高度　　　　　　　　　　D. 深度

E. 关联度

9. 产品可以根据其耐用性和是否有形进行分类，大致可分为(　　)三类。

A. 高档消费品　　　　　　　B. 低档消费品

C. 耐用品　　　　　　　　　D. 非耐用品

E. 劳务

10. 产品组合包括的变数是(　　)。

A. 适应度　　　　　　　　　B. 长度

C. 关联性　　　　　　　　　D. 宽度

E. 深度

【判断题】

1. 产品整体概念的内涵和外延都是以追求优质产品为标准的。(　　)

2. 产品生命周期的长短，主要取决于企业的人才、资金、技术等实力。(　　)

3. 新产品处于投入期时，竞争形势并不严峻，而企业承担的市场风险却最大。(　　)

4. 企业产品进入成熟期时，虽然销售增长缓慢，但销售额已达到最高值，显然利润额肯定是最大值。(　　)

5. 继续生产已处于衰退期的产品，企业无利可图。(　　)

6. 产品组合的深度是指企业所拥有的各条产品线及其所包含的产品项目的总和。(　　)

7. 产品延伸只能向上不能向下。(　　)

8. 有形产品是产品整体概念中最基本、最主要的部分。(　　)

9. 产品组合的长度是指一个企业有多少产品大类。(　　)

10. 企业原来生产高档产品，后来增加低档产品，有可能使名牌产品的形象受到损害。(　　)

【简答题】

1. 如何理解产品整体概念？

2. 产品延伸的利益和弊端有哪些？

3. 分析产品生命周期不同阶段的特点及营销策略。

4. 企业在高速调整和优化产品组合时，可选择的决策有哪些？

5. 新产品开发应遵循哪些原则？

【案例分析题】

X公司是一家国际著名的汽车生产厂商，在进入中国市场的时候，采用的是中高端路线，他们把公司比较成熟的LX型轿车引入中国市场，形成了从20万到40万元这样一个梯级排列的中高档轿车的系列产品。X公司的成功，吸引了众多的国际知名汽车厂商对中国中高档轿车市场的追逐，市场竞争加剧，LX型系列轿车的市场占有率受到很大程度的影响。

为了寻求突破，X公司把目光转向了经济型轿车市场，决定以LX型轿车品牌向低端市场延伸。公司决定抓住国内10万元轿车市场空白的机会，把公司的EC型轿车引入中国市场。在EC型轿车还没有正式推出之前，他们就借用新闻和公关的力量把EC“10万元家庭轿车”的概念炒得深入人心。除了传统的电视、报纸、杂志广告外，还请来了国内人气较旺的歌手，请他们为新车型的上市专门创作了歌曲。在售后服务方面，公司承诺主动担当车主的义务汽车保养顾问，将汽车售后服务从传统的被动式维修服务，带进主动关怀的新时代。这些活动使消费者对这款未曾谋面的轿车充满了期待。

不出所料，这款车型在上市后三个月，就创造了8万辆的销售业绩，大获成功。

请分析讨论：

1.轿车属于什么样的产品类型？

2.对这种产品类别应采取的营销策略包括哪些？

3.产品延伸策略能给X公司带来哪些好处？

参考答案

【名词解释】

1. 产品:是指通过交换提供给市场的,能满足消费者或用户某一需求和欲望的任何有形物品和无形的服务。

2. 产品组合:指一个企业提供给市场的全部产品线和产品项目的组合或结构,即企业的业务经营范围。

3. 产品生命周期:产品从投入市场到被市场淘汰所经历的全部运动过程,它是产品的市场寿命,而不是使用寿命。产品只有经过研究开发、试销,然后进入市场,它的市场生命周期才算开始。产品退出市场,标志着生命周期的结束。

4. 包装:是指对商品设计、制作容器或外部包扎物的一系列活动。可以分为首要包装、次要包装或装运包装,还可以分为运输包装和销售包装。

5. 新产品:一种产品只要在功能或形态上得到改进,与原有产品产生差异,并为顾客带来新的利益,即可视为新产品。

【单项选择题】

1. C　2. C　3. D　4. D　5. A　6. C　7. A　8. C　9. A　10. C

11. D　12. B　13. D　14. A　15. C　16. C　17. C　18. C　19. B　20. B

【多项选择题】

1. ABCD　2. ABCE　3. ABCDE　4. ABD　5. ABCD

6. ABCD　7. ABCDE　8. ABDE　9. CDE　10. BCDE

【判断题】

1. ×　2. ×　3. √　4. ×　5. ×　6. ×　7. ×　8. ×　9. ×　10. √

【简答题】

1. 如何理解产品整体概念?

答:产品整体概念是指一切能够满足消费者某种需求的有形的物质产品和一系列无形的服务,它包括核心部分、形体部分和附加部分三个层次的内容。

2. 产品延伸的利益和弊端有哪些?

答:产品延伸的利益有如下四个:

①满足更多的消费需求;

②迎合顾客求异求变的心理;

③减少开发新产品的风险;

④适应不同价格层次的需求。

产品延伸也会带来如下副作用:

①顾客对品牌忠诚度降低;

②产品项目的角色难以区分;

③产品延伸引起成本增加。

3.分析产品生命周期不同阶段的特点及营销策略。

答:产品生命周期不同阶段的特点:

(1)投入期。生产批量小,制造成本高,产品技术、性能不完善,尚未建立理想的营销渠道和高效率的分配模式,价格决策难以确定,广告费用大,一般企业利润为负。

(2)成长期。销售量开始迅速增长,生产成本大幅度下降,产品已定型,技术工艺比较成熟,建立了比较理想的营销渠道,竞争开始加剧,企业利润由负变正。

(3)成熟期。产品的销售量从缓慢增加到缓慢递减,市场逐渐呈饱和状态,竞争激烈,一些缺乏竞争能力的企业将渐渐被取代,新加入的竞争者较少,同时利润额开始下滑。

(4)衰退期。销售量加速递减,价格下降到最低水平,消费者兴趣转移,利润也比较快地下降,生产萎缩成本上升。

产品生命周期各阶段的市场营销策略:

(1)投入期的营销策略:快速撇取策略,缓慢撇取策略,快速渗透策略,缓慢渗透策略。

(2)成长期的营销策略:改进产品质量和增加产品的特色、款式等,开辟新市场,改变广告内容,适当降价。

(3)成熟期的营销策略:市场改进策略,产品改进策略,营销组合改进策略。

(4)衰退期的营销策略:收缩策略,榨取策略。

4.企业在高速调整和优化产品组合时,可选择的决策有哪些?

答:扩大产品组合策略,缩减产品组合策略,产品延伸策略。

5.新产品开发应遵循哪些原则?

答:①以市场为导向;

②选择有特色的产品;

③以企业的资源为依托;

④具有经济效益;

⑤有效的组织支持;

⑥遵循新产品开发程序。

【案例分析题】

1.轿车属于什么样的产品类型?

答:轿车属于耐用品,购买行为属于复杂型购买行为。

2.对这种产品类别应采取的营销策略包括哪些?

答:①对消费者进行产品知识教育;

②运用各种途径宣传本品牌的优点;

③简化购买决策过程;

④加强售后服务。

3.产品延伸策略能给X公司带来哪些好处?

答:①丰富产品类型,增加消费者选择余地;

②扩大市场占有率和提高销售增长率;

③充分利用公司设备、资源,分摊生产成本;

④补充产品线空白。

第十一章　品牌与包装策略

一、学习目标

通过本章的学习，理解品牌的概念；懂得品牌资产的含义，掌握品牌资产的构成；会根据基本原则进行品牌设计与品牌扩展。

二、重点内容

(一)品牌的含义与内涵

1. 品牌定义

品牌是用来识别商家的产品或服务，并使之与竞争对手的产品或服务区别开来的商业名称及其标志，通常是由文字、标志、符号、图案和颜色等要素或这些要素的组合构成。

2. 品牌内涵

(1)属性：产品在性能、质量、技术、定价等方面的独特之处。

(2)利益：给用户带来的好处和消费者在使用产品过程中需求得到满足的感受。

(3)价值：品牌生产者所追求和所评估的产品价值。

(4)文化：品牌背景中的精神层面。

(5)个性：品牌形象人格化后所具有的个性。

(6)群体：品牌暗示了购买或使用产品的消费者类型。

(二)品牌资产的构成与特征

1. 品牌资产

品牌资产是一种超过商品或服务本身利益以外的价值。它通过为消费者和企业提供附加利益来体现其价值，并与某一特定的品牌紧密联系着。

2. 品牌资产的构成

品牌资产主要包括品牌知名度、品牌忠诚度、品牌联想、品牌的品质形象和其他资产。

(1)品牌知名度：品牌为消费者所知晓的程度，反映了消费者总体中有多少或多大比例的消费者知晓它。

(2)品牌忠诚度：作为消费者对某一品牌偏爱程度的衡量指标，它反映了对该品牌的信任和依赖程度。

(3)品牌联想:对品牌而言,不同的品牌会使消费者在脑海中产生不同的联想,进而形成不同的品牌印象。

(4)品牌的品质形象:是指消费者对某一品牌的总体质量感受或在品质上的整体印象。

(5)其他资产:指那些与品牌密切相关的、对品牌的增值能力有重大影响的、不易准确归类的特殊资产,一般包括专利、专有技术、分销渠道等。

3. 品牌资产的主要特征

品牌资产作为企业财产的一部分,主要具有以下几个特征:

(1)品牌资产具有无形性。

(2)品牌资产难以准确计量。

(3)品牌资产在利用中增值。

(4)品牌资产具有波动性。

(5)品牌资产是营销绩效的主要衡量指标。

(三)品牌组合

1. 品牌归属策略

企业有三种可供选择的策略:其一是企业使用属于自己的品牌,即企业品牌或生产者品牌或自有品牌;其二是使用中间商品牌;其三是企业对部分产品使用自己的品牌,而对另一部分产品使用中间商品牌。

2. 品牌统分策略

品牌统分策略,即对所有产品命名的策略。通常有三种:统一品牌策略、个别品牌与多品牌策略、分类品牌策略。

(1)统一品牌策略:企业对所有的产品都统一使用一个品牌。优点:能够降低新产品宣传费用,可在企业的品牌已赢得良好市场信誉的情况下实现顺利推出新产品的愿望,同时也有助于展示企业实力,塑造企业形象。缺点:若某一种产品出现问题,容易牵连影响其他产品和整个企业的信誉,同时也存在相互混淆、难以区分产品质量档次等令消费者不便的缺憾。

(2)个别品牌策略与多品牌策略:个别品牌策略是指企业对各种不同的产品分别使用不同的品牌;多品牌策略是指企业同时为一种产品设计两种或两种以上互相竞争的品牌。优点:避免统一品牌下的负面株连效应,可以在产品分销过程中占有更大的货架空间,提高市场占有率,不同产品满足不同需求。缺点:使企业的促销费用上升,且易出现自身互相竞争的局面。

(3)分类品牌策略:指企业对所有产品在分类的基础上使各类产品使用不同的品牌。这种策略能综合统一品牌策略和个别品牌策略的优点。

3. 复合品牌策略

复合品牌策略是指对同一种产品赋予两个或两个以上品牌的做法,包含主副品牌策略和品牌联合策略。

(1)主副品牌策略:是指同一产品使用一主一副两个品牌的做法。一般适用于企业同时生产两种或两种以上性质不同或质量有别的商品,同时还要求拟作为主品牌的品牌应有较高的知名度与较好的市场声誉。

(2)品牌联合策略:是指对同一产品使用不分主次的两个或两个以上品牌的做法。品牌联合可以使两个抑或更多品牌有效地协作、联盟,相互借势,来提高品牌的市场影响力与接收程度。

(四)品牌更新与品牌扩展

1. 品牌更新

品牌更新是依据对品牌重新定位、重新设计品牌,塑造品牌新形象的过程,其实质是对品牌补充能量。品牌经过更新,可以被赋予更富有针对性的消费意愿与消费意境。

2. 品牌扩展

品牌扩展也称品牌延伸,是指企业将某一知名品牌或某一具有市场影响力的成功品牌扩用到与成名产品或原产品完全不同的产品上,以凭借现有成功品牌推出新产品的过程。

3. 品牌授权

品牌授权是一种契约性书面许可,允许一个品牌用于特定的时间和区域内的特定产品。也就是说,品牌的拥有者在一些商定的条款的基础上,通过有关协议,允许被授权方使用授权方的品牌生产、销售某种产品或提供某种服务,并向被授权方收取商定数额权利金。

4. 特许经营

特许经营是指以运营同一品牌为核心,受许人可以在约定的期限内享有使用特许人的品牌及维系品牌的各种专有技术、管理方法或体系等。

(五)包装策略

1. 包装

包装指对商品设计、制作容器或外部包扎物的一系列活动。可以分为首要包装、次要包装或装运包装,还可以分为运输包装和销售包装。

2. 包装的作用

包装可以美化产品,保护产品,使产品在市场营销过程中,在消费者保存产品期间,保护产品的使用价值。它可以促进销售,增加赢利;它还可以增加商品价值。

3. 包装设计要求

企业在设计包装时,应考虑以下几点要求:

(1)包装应与商品的价值或质量相适应。

(2)包装应能显示商品的特点或独特风格。

(3)包装应方便消费者购买、携带和使用。

(4)包装上的文字说明应实事求是。

(5)包装装潢应给人以美感。

(6)包装装潢上的文字、图案、色彩等不能和目标市场的风俗习惯、宗教信仰发生抵触。

4.包装具体策略

(1)类似包装:又叫产品系列包装或统一包装。企业将其生产的各种产品,在包装外形上采用相同的图案、近似的色彩,包装具有共同的特征,顾客容易辨认。

(2)等级包装:将产品分成若干等级,高档优质产品采用优等包装,一般产品采用普通包装,使包装的价值和质量相称,表里一致,方便购买力不同的消费者按需选购。

(3)配套包装:把数种有关联的产品放在同一容器中,如工具包、文具盒、救急箱等,方便购买、携带和使用,也可扩大产品的销售。

(4)双重用途包装:即再使用包装或复用包装,产品用完后,包装物可移作他用。

(5)附赠品包装:赠品包装有两种,一种是将包装品作为一个附赠品,二是包装里面附有赠品,以激发消费者的购买欲望。

(6)变更包装:包装随着市场需求的变化而变化,可以采用剧变式、改良式、渐变式。

课后练习

【名词解释】

1. 品牌　2. 品牌资产　3. 统一品牌策略　4. 个别品牌策略　5. 多品牌策略　6. 分类品牌策略　7. 品牌更新　8. 品牌扩展

【单项选择题】

1. 品牌中可以用语言称呼的部分叫作(　　)。

A. 厂牌　　B. 品牌名称

C. 品牌标志　　D. 商标

2. 品牌定位的原则是(　　)。

A. 深入了解消费者需求　　B. 符合产品特点

C. 考虑资源条件　　D. 关注经销商

3. 企业将几种有关联性的产品放在同一包装内的策略是(　　)。

A. 配套包装策略　　B. 类似包装策略

C. 等级包装策略　　D. 再使用包装策略

4. 企业的几大类产品使用同一品牌，这种策略是(　　)。

A. 统一的个别品牌策略　　B. 个别品牌策略

C. 统一品牌策略　　D. 个别的统一品牌策略

5. 企业将产品大批量卖给中间商，中间商再用自己的品牌将货物转卖出去，这种策略叫作(　　)。

A. 生产者品牌　　B. 销售商品牌

C. 第二者品牌　　D. 个别品牌

6. 某家化企业在销售洗发水的基础上，推出同一品牌牙膏等产品，采取的是(　　)。

A. 统一品牌策略　　B. 个别品牌策略

C. 品牌扩展策略　　D. 多品牌策略

7. 运用新一代技术革命所创造的整体更新产品是(　　)。

A. 全新产品　　B. 仿制新产品

C. 改进新产品　　D. 换代新产品

8. 品牌最基本的含义是品牌代表着特定的(　　)。

A. 消费者类型　　B. 文化

C. 商品属性　　D. 价值和利益

9. 宝洁公司通过采用(　　)，与广东合资生产“飘柔”“潘婷”“海飞丝”等不同档次的洗发水，以满足不同顾客的不同需要。

A. 家族品牌策略　　B. 品牌归属策略

C. 多品牌策略　　D. 品牌扩展策略

10. 牙膏皮、啤酒瓶属于(　　)。

A. 第一层(内)包装　　B. 第二层(商业)包装

C. 第三层(装运)包装　　D. 标签包装

11. 商标是企业的(　　)。

A. 版权　　B. 商业秘密

C. 无形资产　　D. 有形资产

12. 品牌中可以被认出但不能用语言称呼的部分叫作(　　)。

A. 品牌名称　　B. 商标

C. 品牌标志　　D. 品牌延伸

13. “长安福特”品牌属于(　　)。

A. 合作品牌　　B. 中间商品牌

C. 多品牌　　D. 新品牌

14. 我国对商标的认定坚持(　　)原则。

A. 使用在先　　B. 使用优先辅以注册优先

C. 注册在先　　D. 注册优先辅以使用优先

15. “P&G”等品牌名称不会让消费者仅通过品牌名称而产生直接的品牌联想,这种品牌名称被称为(　　)。

A. 明喻式名称　　B. 隐喻式名称

C. 空瓶式名称　　D. 象征式名称

16. 新品牌上市宣传时最常用的品牌定位策略是(　　)。

A. 领导地位策略　　B. 比拟定位策略

C. 情感定位策略　　D. 差异化定位策略

17. 品牌运营的基本前提与直接结果是(　　)。

A. 品牌设计　　B. 品牌定位

C. 品牌组合　　D. 品牌传播

18. (　　)是品牌的载体,是影响顾客品牌购买决策和品牌体验的直接对象。

A. 图案　　B. 包装

C. 产品　　D. 符号

19. 被称为“沉默的推销员”的是品牌的(　　)。

A. 名称　　B. 广告

C. 包装　　D. 图案

20. 品牌资产是企业与(　　)长期动态关系的反映。

A. 供应商　　B. 中间商

C. 顾客　　D. 政府

【多项选择题】

1. 企业在营销活动中要正确选择适合本企业的策略,一般可以从(　　)中寻找。

A. 类似包装策略　　B. 组合包装策略

C. 附赠品包装策略　　D. 再使用包装策略

E. 分组包装策略和变更包装策略

2. 品牌统分策略包括(　　)。

A. 统一品牌策略
B. 销售者品牌策略
C. 个别品牌策略
D. 分类品牌策略
E. 企业名称加个别品牌策略

3. 品牌对于卖主的好处有(　　)。

A. 可使卖主易于管理订货
B. 使卖主有可能吸引更多的品牌忠诚者
C. 注册商标可使企业的产品特色受到法律保护,防止别人模仿、抄袭
D. 有助于市场细分
E. 有助于树立良好的企业形象

4. 企业的家族品牌决策有(　　)。

A. 个别品牌名称
B. 统一品牌名称
C. 分类命名
D. 企业名称与个别品牌名称并用
E. 不使用品牌

5. 产品包装的作用有(　　)。

A. 美化产品
B. 促进销售
C. 增加商品价值
D. 保护产品
E. 增加赢利

6. 企业采用统一品牌策略(　　)。

A. 能够降低新产品的宣传费用
B. 有助于塑造企业形象
C. 易于区分产品质量档次
D. 促销费用低
E. 适合于企业所有产品质量水平大体相当的情况

7. 海尔现有产品及新上市产品均使用"海尔"商标,属于(　　)。

A. 制造者商标策略
B. 经销商商标策略
C. 统一商标策略
D. 品牌扩展策略

8. 品牌是一个集合概念,它包括(　　)。

A. 商标
B. 名称
C. 品牌标志
D. 图案

9. 品牌识别系统模型中,从深度上讲,品牌识别是由(　　)构成的系统。

A. 精神识别
B. 管理识别
C. 文化识别
D. 物质识别

10. 品牌反映的是一种企业与顾客的关系,这种关系的深度与广度通常需要通过(　　)等多方面予以透视。

A. 品牌知名度
B. 品牌设计
C. 品牌联想
D. 品牌忠诚
E. 品牌形象

【判断题】

1. 不同产品采用不同品牌比所有产品采用同一品牌风险要大。（　　）
2. 品牌与商标的区别在于前者是一个商业名称，后者是一个法律名称。（　　）
3. 对于企业来说，使用自己的品牌比使用中间商的品牌费用要多。（　　）
4. 品牌有助于提高购买者的效率。（　　）
5. 搞好产品的包装，可增加商品的价值。（　　）
6. 联想计算机中的“联想”二字是品牌名称。（　　）
7. 法律保护的商标权是有时间限制的，世界各国对此的法律规定是，相同的品牌资产通过为消费者和企业提供服务来体现其价值。（　　）
8. 对于拥有良好声誉、生产质量水平相近产品的企业宜采用分类包装策略。（　　）
9. 凡在市场上有一定知名度的商标都可以申请认定驰名商标。（　　）
10. 商品包装既可以保护商品在流通过程中品质完好和数量完整，同时，还可以增加商品的价格。（　　）

【简答题】

1. 品牌的内涵有哪些？
2. 谈谈品牌资产的构成。
3. 企业品牌命名的原则有哪些？
4. 品牌定位的具体方法有哪些？
5. 什么是品牌授权？

【案例分析题】

多子多福亦风流

品牌延伸曾一度被认为是充满风险的事情，有的学者甚至不惜用“陷阱”二字去形容其风险之大。然而，纵观世界一流企业的经营业绩，我们就不难发现，其中既有像索尼公司那样一贯奉行“多品一牌”策略的公司，更有像宝洁公司这样大胆贯彻“一品多牌”策略的公司，它们在国际市场竞争中纵横驰骋，尽显“多子多福”的风流。宝洁公司是如何实施多品牌策略的呢？

一、寻找差异

如果把多品牌策略理解为企业多到工商局注册几个商标，那就大错特错了。宝洁公司经营的多品牌策略不是把一种产品简单地贴上了几种商标，而是追求同类产品不同品牌之间的差异，包括功能、包装、宣传等方面，从而使每个品牌形成鲜明个性。这样，每个品牌都有自己的发展空间，市场就不会重叠。以洗衣粉为例，宝洁公司设计了9种品牌的洗衣粉，汰渍（Tide）、奇尔（Cheer）、格尼（Gain）、达诗（Dash）、波德（Bold）、卓夫特（Dreft）、象牙雪（Ivory Snow）、奥克多（Oxydol）和时代（Era）。它认为，不同的顾客希望从产品中获得不同的利益组合。有些人认为洗涤和漂洗能力最重要，有些人认为使织物柔软最重要，有人希望为洗衣粉的9个细分市场设计9种不同的品牌。通过这种多品牌策略，宝洁已占领了美国更多的洗涤剂市场，目前市场份额已达到55%，这是单个品牌所无法达到的。

二、制造“卖点”

宝洁公司的多品牌策略如果从市场细分上讲是寻找差异的话，那么从营销组合的另一个角度看是找准了“卖点”。卖点也称“独特的销售主张”，其核心内容是：广告要根据产品的特点向消费者提出独一无二的说辞，并让消费者相信这一特点是别人没有的，或是别人没有说过的，且这些特点能为消费者带来实实在在的利益。在这一点上宝洁公司更是发挥得淋漓尽致。以宝洁在中国推出的洗发水为例，“海飞丝”的个性在于去头屑，“潘婷”的个性在于头发的营养保健，而“飘柔”的个性则是使头发光滑柔顺。在中国市场上推出的产品广告更是不同凡响：“海飞丝”洗发水，海蓝色的包装，首先让人联想到蓝色的大海，带来清新凉爽的视觉效果，“头屑去无踪，秀发更出众”的广告语，进一步在消费者心目中树立起了“海飞丝”去头屑的信念；“飘柔”，草绿色的包装给人以青春美的感受；“潘婷”用了杏黄色的包装，首先给人以营养丰富的视觉效果。从这里可以看出，宝洁公司多品牌策略的成功之处，不仅在于善于在一般人认为没有缝隙的产品市场上寻找差异，生产出个性鲜明的商品，更值得称道的是能运用营销组合的理论，成功地将这种差异推销给消费者，并取得他们的认同，进而使他们心甘情愿地为之掏腰包。

三、能攻易守

传统的营销理论认为，单一品牌延伸策略便于企业形象的统一，减少营销成本，易于被顾客接受。但从另一个角度来看，单一品牌并非万全之策。因为一种品牌树立之后，容易在消费者当中形成固定的印象，从而使顾客产生心理定式，不利于产品的延伸，像宝洁这样的横跨多个行业、拥有多种产品的企业更是如此。宝洁公司最早是以生产象牙牌香皂起家的，假如它一直沿用“象牙牌”这一单一品牌，恐怕很难成长为日用品领域称霸的跨国公司。以美国 Scott 公司为例，该公司生产的舒洁牌卫生纸原本是美国卫生纸市场的佼佼者，但随着舒洁牌餐巾、舒洁牌面巾、舒洁牌纸尿布的问世，舒洁公司在顾客心目中的定位发生了混乱——“舒洁该用在哪儿？”一位营销专家曾幽默地问：“舒洁餐巾与舒洁卫生纸，究竟哪个品牌是为鼻子设计的？”结果，舒洁卫生纸的“头把交椅”很快被宝洁公司的 Charmin 卫生纸所取代。

可见，宝洁公司正是从竞争对手的失败中吸取了教训，用一品多牌的策略顺利克服了顾客的“心理定式”这一障碍，从而让人们认识到，宝洁公司不仅是一个生产象牙牌香皂的公司，还是生产妇女用品、儿童用品、药品、食品的厂家。

许多人认为，多品牌竞争会引起经营各个品牌的企业内部各兄弟单位之间自相残杀的局面，宝洁则认为，最好的策略就是自己不断攻击自己。这是因为市场经济是竞争经济，与其让对手开发出新产品去瓜分自己的市场，不如自己向自己挑战，让本企业各种品牌的产品分别占领市场，以巩固自己在市场中的领导地位。这或许就是中国“肥水不流外人田”的古训在西方的翻版。

从防御的角度看，宝洁公司这种多品牌策略是打击对手、保护自己的最锐利的武器。宝洁公司利用多品牌策略频频出击，使公司在顾客心目中树立起实力雄厚的形象；利用一品多牌从功能、价格、包装等各方面划分出多个市场，能满足不同层次、不同需要的各类顾客的需求,从而培养消费者对本企业品牌的偏好,提高其忠诚度。

(资料来源:曹刚、李桂陵、王德发等人主编,《国内外市场营销案例集》,武汉大学出版社出版,2002年。)

请分析讨论:

1.宝洁公司多品牌策略有何特点?

2.实施多品牌策略有哪些利弊?

3.在什么情况下应采用统一品牌策略?在什么情况下应采用多品牌策略?

参考答案

【名词解释】

1. 品牌：用来识别商家的产品或服务，并使之与竞争对手的产品或服务区别开来的商业名称及其标志，通常是由文字、标志、符号、图案和颜色等要素或这些要素的组合构成。

2. 品牌资产：一种超过商品或服务本身利益以外的价值。它通过为消费者和企业提供附加利益来体现其价值，并与某一特定的品牌紧密联系着。

3. 统一品牌策略：企业对所有的产品都统一使用一个品牌。

4. 个别品牌策略：指企业对各种不同的产品分别使用不同的品牌。

5. 多品牌策略：指企业同时为一种产品设计两种或两种以上互相竞争的品牌。

6. 分类品牌策略：指企业对所有产品在分类的基础上使各类产品使用不同的品牌。

7. 品牌更新：依据对品牌重新定位、重新设计品牌，塑造品牌新形象的过程，其实质是对品牌补充能量。品牌经过更新，可以被赋予更富有针对性的消费意愿与消费意境。

8. 品牌扩展：也称品牌延伸，是指企业将某一知名品牌或某一具有市场影响力的成功品牌扩用到与成名产品或原产品完全不同的产品上，以凭借现有成功品牌推出新产品的过程。

【单项选择题】

1. B　2. A　3. A　4. C　5. B　6. C　7. D　8. D　9. C　10. A

11. C　12. C　13. A　14. C　15. C　16. D　17. B　18. C　19. C　20. C

【多项选择题】

1. ABCDE　2. ACDE　3. ABCDE　4. ABCD　5. ABCDE

6. ABDE　7. AC　8. BCD　9. ABD　10. ACDE

【判断题】

1. ×　2. √　3. √　4. √　5. ×　6. √　7. √　8. ×　9. ×　10. √

【简答题】

1. 品牌的内涵有哪些？

答：(1)属性：产品在性能、质量、技术、定价等方面的独特之处。

(2)利益：给用户带来的好处和消费者在使用产品过程中需求得到满足的感受。

(3)价值：品牌生产者所追求和所评估的产品价值。

(4)文化：品牌背景中的精神层面。

(5)个性：品牌形象人格化后所具有的个性。

(6)群体：品牌暗示了购买或使用产品的消费者类型。

2. 谈谈品牌资产的构成。

答：品牌资产构成包括品牌知名度、品牌忠诚度、品牌联想、品牌的品质形象和其他资产。

(1)品牌知名度:品牌为消费者所知晓的程度,反映了消费者总体中有多少或多大比例的消费者知晓它。

(2)品牌忠诚度:作为消费者对某一品牌偏爱程度的衡量指标,它反映了对该品牌的信任和依赖程度。

(3)品牌联想:对品牌而言,不同的品牌会使消费者在脑海中产生不同的联想,进而形成不同的品牌印象。

(4)品牌的品质形象:是指消费者对某一品牌的总体质量感受或在品质上的整体印象。

(5)其他资产:指那些与品牌密切相关的、对品牌的增值能力有重大影响的、不易准确归类的特殊资产,一般包括专利、专有技术、分销渠道等。

3.企业品牌命名的原则有哪些?

答:受法律保护原则;简单易记原则;新颖独特原则;暗示功能原则;市场通用原则;启发品牌联想原则;赋予品牌延伸自由度的原则。

4.品牌定位的具体方法有哪些?

答:品牌定位的具体方法包括功效定位、质量定位、类别定位、概念定位、首席定位、对比定位、档次定位、文化定位、历史定位等。

5.什么是品牌授权?

答:品牌授权是一种契约性书面许可,允许一个品牌用于特定的时间和区域内的特定产品。也就是说,品牌的拥有者在一些商定的条款的基础上,通过有关协议,允许被授权方使用授权方的品牌生产、销售某种产品或提供某种服务,并向被授权方收取商定数额权利金。

【案例分析题】

1.宝洁公司多品牌策略有何特点?

答:即使同类不同产品也为其设立不同品牌名称;每个品牌个性鲜明,市场辨识度、区分度高;每个品牌对市场进行补充,共同为宝洁获得很多的市场份额;每个品牌在宣传、包装、功能上各不相同,但共享销售渠道。

2.实施多品牌策略有哪些利弊?

答:多品牌策略优点:有利于提高产品的市场占有率;有助于在企业内部各个部门、产品之间展开竞争,提高效率;有利于降低经营风险;有利于打击对手,保护自己。

多品牌策略缺点:会增加品牌的设计、宣传、维护成本;易造成品牌之间互相争夺资源、争夺市场的现象;增加了品牌管理的复杂程度。

3.在什么情况下应采用统一品牌策略?在什么情况下应采用多品牌策略?

答:统一品牌策略适用条件:企业采用的品牌已在市场上获得一定的声誉,保持领先地位;企业产品有相同的质量水平。

多品牌策略适用条件:企业资源雄厚、营销能力较强,产品差异比较明显,产品处于不同价格层次,产品经营范围较广,企业综合管理能力较强。

第十二章　价格策略

一、学习目标

通过本章的学习,掌握影响企业产品定价的因素;明确企业定价目标,掌握定价的一般方法及基本策略;能综合运用价格变动反应及价格调整。

二、重点内容

(一)影响企业定价的因素

定价时,影响定价的因素主要有产品成本、企业定价目标、市场需求、竞争者的产品和价格、政府的政策法规和产品生命周期等因素。

1. 产品成本

产品总成本由固定成本和流动成本所组成。因此定价时应结合产量、销量、资金周转等因素综合考虑。从长远看,任何产品的销售价格都必须高于成本费用。

2. 企业定价目标

企业定价目标主要有维持生存,当期利润最大化,保持和扩大市场占有率,产品质量最优化,保持价格稳定,应付市场竞争,保持良好分销渠道。

3. 市场需求

商品价格与市场供应成正比,与需求成反比。需求又受价格和收入变动的影响。

需求的收入弹性是指因人们的收入变动而引起的需求的相应变动率。需求收入弹性系数=需求量变动的百分比/收入变动的百分比。

需求的价格弹性是指价格变化和由此产生的需求量变化的程度。

需求交叉弹性是指因一种商品价格变动而引起的其他相关商品需求量的相应变动率。

4. 竞争者的产品和价格

企业产品与竞争品质量不相上下,则定价大体一致;若本企业产品质量较高,则产品价格可以定高一些;如果质量较差,则价格相应要定得低一些。

5. 政府的政策法规

政府为了维护经济秩序、保障公平竞争环境,可通过制定法律、政策对企业的价格策略进行干预，如规定毛利率、最高与最低限价、价格的浮动幅度、价格补贴政策、政府定价与政府指导价等。

6. 产品生命周期

产品生命周期的不同阶段对价格策略的影响：

一是产品生命周期的长短对定价的作用。如时尚产品，市场变化快，增长快，消退也快，所以要在时尚高峰合理定价，最大限度地获利。

二是不同产品生命周期阶段对定价的影响。投入期，价格高；成长期，价格有所回落；成熟期，价格趋于稳定；衰退期，价格最低或回升。

(二)产品定价方法

1. 成本导向定价法

(1)成本加成定价法：按照单位成本加上一定百分比的加成制定销售价格。公式为：价格＝单位产品成本×(1＋成本加成率)。

(2)目标定价法：根据估算的总销售收入(销售额)和估计的产量(销售量)来制定价格的一种方法。公式为：单价＝(固定成本＋目标利润)÷预计销售量＋单位变动成本。

(3)增量分析定价法：分析企业接受新任务后是否有增量利润，增量利润等于接受新任务引起的增量收入减去增量成本。

2. 需求导向定价法

需求导向定价法是以消费者的需求为中心的定价方法，即根据消费者对商品的需求强度和对商品价值的认识程度来制定企业价格。它分为感知价值定价法、反向定价法和需求差异定价法。

(1)感知价值定价法：根据购买者对产品的感知价值制定价格，关键在于准确计算产品提供的全部市场感知价值。

(2)反向定价法：又称可销价格倒推法，是指企业根据产品的市场需求状况，通过价格预测、试销和评估，先确定消费者可以接受和理解的零售价格，然后倒推批发价格和出厂价格的定价方法。

(3)需求差异定价法：产品价格的确定以需求为依据，首先强调适应消费者需求的不同特性，而将成本补偿放在次要的地位。

3. 竞争导向定价法

竞争导向定价法是以竞争为中心的、以竞争对手的定价为依据的定价方法。常见的方法有随行就市定价法、主动竞争定价法、投标定价法、拍卖定价法。

(三)定价的基本策略

企业的定价策略是把产品定价和市场营销组合的其他要素结合起来，制定出最有利的商品价格，实现企业的营销目的。一般可以分为新产品定价、折扣定价、心理定价、差别定价、地区定价、产品组合定价等策略。

1. 新产品定价策略

(1)撇脂定价策略。在产品生命周期的最初阶段，把产品的价格定得很高，以攫取最大利润。

撇脂定价适用的条件：市场有足够的购买者；需求缺乏弹性；竞争者较少；有获利空间；生产有专利保护的产品；高价能使人产生产品高档的印象。

(2)渗透定价策略。新产品上市时，企业把产品价格定得偏低，以便吸引大量顾客，提高市场占有率。

渗透定价的适用条件：产品差异小，需求弹性大；企业的生产成本和经营费用会随着生产经营经验的增加而下降；低价不会引起过度竞争。

(3)满意定价策略。在新产品投放市场时制定适中的价格，既保证企业获得一定的初期利润，又能为广大顾客所接受。

2. 折扣定价策略

折扣定价策略是为鼓励顾客及早付清货款、大量购买、淡季购买而采取的价格调整策略。常见的方法有现金折扣、数量折扣、季节折扣、功能折扣。

影响折扣定价策略的主要因素有：竞争对手及竞争实力、折扣的成本均衡性、市场总体价格水平下降，还应考虑企业流动资金的成本、金融市场汇率变化、消费者对折扣的疑虑等。

3. 心理定价策略

心理定价策略是指企业在定价时利用消费者的心理因素，有意识地将产品的价格定得高些或者低些，以满足消费者心理需求的策略。常见的方法有尾数定价、整数定价、声望定价、招徕定价。

4. 差别定价策略

所谓差别定价或需求差异定价，指企业按照两种或两种以上不反映成本费用的比例差异的价格销售产品或服务。

常见的策略有顾客差异定价、产品差异定价法、位置或地点差异定价、时间差异定价、流转环节差异定价、交易条件差异定价。

差别定价策略适用的条件：市场必须是可以细分的，而且各个市场细分时必须表现出不同的需求程度；以较低价格购买某种产品的消费者不能以较高价格把这种产品倒卖给别人；竞争者不能在企业以较高价格销售产品的市场上以低价进行销售；细分市场和控制市场的成本费用不得超过因实行价格歧视而得到的额外收入；差别价格不会引起消费者反感；采取的差别价格形式不能违法。

5. 地区定价策略

地区定价策略是指企业将产品卖给不同地区的顾客时，分别制定不同的价格或遵循相同价格，也就是说否定制定地区差价。主要的地区定价策略有以下几种。

(1)FOB 原产地(离岸价格)定价：是指消费者按照厂价购买某种产品，企业只负责将这种产品运到产地某种运输工具上交货。

(2)统一交货定价:买主不论远近都实行统一价格。

(3)分区定价:企业把市场划分为若干个价格区,对于不同价格区销售的产品,分别制定不同的地区价格。

(4)基点定价:企业选定某些城市作为基点,每一个基点价格即为产地价格,买主承担从基点到所在地的运费。

(5)运费免收定价:企业急于同某顾客或某地区的顾客做生意而免除全部或部分运费。

6.产品组合定价策略

当产品只是产品组合的一部分时,可以对定价方法进行调整,使整个产品组合的利润最大化。主要形式有产品大类定价、选择品定价、补充产品定价、分部定价、副产品定价、产品系列定价。

(四)实施价格调整策略

1.企业的降价和提价

(1)企业降价。当企业出现生产能力过剩、市场份额下降、主要竞争对手降低价格、宏观环境变化、全行业成本下降、企业经营成本降低、为阻止或挤压竞争对手等情况时会进行降价。

(2)企业提价。当企业出现成本提高、产品供不应求、竞争策略的需要、创造优质优价的名牌效应、受政府或行业协会的影响等情况出现时会进行提价。

2.市场对价格变动的反应

(1)顾客对价格变动的反应。

无论是提价或降价,都会影响消费者的利益,但一定范围内的价格变动是可以被消费者接受的。提价幅度超过可接受价格,则会引起消费者不满,消费者会产生抵触情绪,而不愿购买企业产品;降价幅度低于可接受价格,会导致消费者产生疑虑,也会对实际购买行为产生抑制作用。

(2)竞争者对价格变动的反应。

同向反应:你涨价他也涨价,你降价他也降价。

逆向反应:你涨价他降价或维持原价,你降价他涨价或维持原价。

交叉反应:有相向的,有逆向的,有维持不变的,情况错综复杂。

(3)企业对竞争者变价的反应。

在同质产品市场上,如果竞争者降价,企业必须随之降价,否则顾客就会转而购买竞争者的产品。在异质产品市场上,企业对竞争者变价的反应有更多选择余地。因为在这种市场上,顾客选择卖主不仅考虑价格因素,而且考虑质量、服务、性能、外观、可靠性等,对于较小的价格差异可能不会太在意。

市场主导者的反应:维持价格不变、降价和提价。

课后练习

【名词解释】

1. 目标定价法　2. 反向定价法　3. FOB 原产地定价　4. 撇脂定价策略　5. 渗透定价策略

【单项选择题】

1. 企业以不同的价格策略在不同地区营销同一种产品，这种价格策略是(　　)。

A. 质量差价策略　　B. 时间差价策略

C. 用途差价策略　　D. 地理差价策略

2. 某服装店售货员把相同服装以 800 元卖给顾客 A，以 600 元卖给顾客 B，该服装店的定价属于(　　)。

A. 顾客差别定价　　B. 产品形式差别定价

C. 产品部位差别定价　　D. 销售时间差别定价

3. 为鼓励顾客购买更多物品，企业给那些大量购买产品的顾客的折扣被称为(　　)。

A. 功能折扣　　B. 数量折扣

C. 季节折扣　　D. 现金折扣

4. 企业利用消费者具有仰慕名牌商品或名店声望所产生的某种心理，但不易鉴别的商品的定价，最适宜用(　　)法。

A. 尾数定价　　B. 招徕定价

C. 声望定价　　D. 反向定价

5. 体育馆对于不同座位制定不同的票价，采用的是(　　)策略。

A. 产品形式差别定价　　B. 产品部位差别定价

C. 顾客差别定价　　D. 销售时间差别定价

6. 下列定价方法中最公平的定价是(　　)。

A. FOB 原产地定价　　B. 统一交货定价

C. 分区定价　　D. 基点定价

7. 下列商品不适于采用尾数定价法的是(　　)。

A. 袜子　　B. 洗发水

C. 高级服装　　D. 大米

8. 如果新产品的需求弹性大，市场潜力大且竞争者容易进入，以购买力较低的消费者为目标市场时，则适宜采用(　　)。

A. 尾数定价法　　B. 渗透定价法

C. 满意定价法　　D. 撇脂定价法

9. 从需求弹性角度，下列(　　)类产品通过降低价格以提高其销售量的效果明显。

A. 高级时装　　B. 粮食

C. 牙刷　　D. 专治某类疾病的药物

10. 在(　　)的市场模式下，市场对产品价格失去调节能力，只有依靠政府进行干预。

A. 纯粹垄断　　B. 寡头垄断

C. 垄断竞争　　D. 完全竞争

11. 如果 X 产品的价格上涨引起 Y 产品的需求增加，则 X、Y 产品之间的关系是(　　)。

A. 互替产品　　B. 互补产品

C. Y 为主产品，X 为副产品　　D. X 为主产品，Y 为副产品

12. 产品的最高价格取决于(　　)。

A. 产品的供应量　　B. 市场需求程度

C. 产品性能　　D. 市场竞争程度

13. 商品 H 上月的销量为 1000 件，本月初单价下降 10%，本月销量为 1290 件，假定无其他影响销售的因素，则该产品的需求价格弹性系数是(　　)。

A. 1.29　　B. 12.9

C. 10　　D. 2.9

14. 产品的最低价格取决于(　　)。

A. 产品成本　　B. 市场需求程度

C. 产品供应量　　D. 市场竞争程度

15. 下列产品中需求收入弹性较大的是(　　)。

A. 低档服装　　B. 生活必需品

C. 高档食品　　D. 低档食品

16. 在企业定价方法中，目标定价法属于(　　)。

A. 成本导向定价　　B. 需求导向定价

C. 竞争导向定价　　D. 市场导向定价

17. (　　)是制造商给某些批发商或零售商的一种额外折扣，促使他们愿意执行某种市场营销职能(如推销、储存、服务)。

A. 现金折扣　　B. 数量折扣

C. 功能折扣　　D. 季节折扣

18. 在短期竞争条件下，为避免亏损，企业制定的价格必须等于或高于(　　)。

A. 平均可变成本　　B. 平均固定成本

C. 平均成本　　D. 总成本

19. 为使收益最大化，在完全竞争条件下，企业将按照何种价格来销售产品？(　　)

A. 高于市场价格　　B. 低于市场价格

C. 市场价格　　D. 无法确定

20. 若企业只能依据市场供求关系决定的价格来买卖商品，则意味着(　　)。

A. 该企业是一个价格制定者

B. 该企业是一个价格接受者

C. 该企业拥有垄断权力

D. 该企业无法控制其产量

21. 如果一个垄断企业面对的需求价格弹性很小，它将（　　）。

A. 降低价格，增加收益　　B. 提高价格，增加收益

C. 降低价格，降低成本　　D. 提高产量，降低价格

22. 在成本加成定价法中"加成"的含义是指（　　）。

A. 一定比率的利润　　B. 一定比率的价格

C. 固定比率的利润　　D. 固定比率的成本

23. 某汽车制造商给全国各地的汽车经销商一种额外的折扣，以促进他们执行配件提供、免费咨询、售后服务等更多的功能。这种折扣属于（　　）。

A. 现金折扣　　B. 数量折扣

C. 功能折扣　　D. 季节折扣

24. 产品价格的决定性因素是（　　）。

A. 生产成本　　B. 价值

C. 供求关系　　D. 竞争状态

【多项选择题】

1. 需求导向的定价方法主要有（　　）。

A. 感知价值定价法　　B. 通行价格定价法

C. 理解定价法　　D. 需求差异定价法

E. 可销价格倒推法

2. 影响企业定价的主要因素有（　　）等。

A. 定价目标　　B. 产品成本

C. 市场需求　　D. 经营者意志

E. 竞争者的产品和价格

3. 企业定价目标主要有（　　）等。

A. 维持生存　　B. 当期利润最大化

C. 市场占有率最大化　　D. 产品质量最优化

E. 成本最小化

4. 价格折扣主要有（　　）等类型。

A. 现金折扣　　B. 数量折扣

C. 功能折扣　　D. 季节折扣

E. 价格折让

5. 引起企业提价主要有（　　）等原因。

A. 通货膨胀，物价上涨　　B. 企业市场占有率下降

C. 产品供不应求　　D. 企业成本费用比竞争者低

E. 产品生产能力过剩

6. 影响市场需求的变动因素，主要有（　　）。

A. 价格　　B. 心理

C. 供给　　D. 收入

E. 观念

7. 需求弹性一般分为(　　)。

A. 需求支出弹性　　B. 需求供给弹性
C. 需求收入弹性　　D. 需求价格弹性
E. 需求交叉弹性

8. 需求收入弹性大的产品通常是一些(　　)。

A. 高档食品　　B. 耐用消费品
C. 娱乐支出　　D. 中档产品
E. 低档产品

9. 下列定价方法中,哪些属于成本导向定价法?(　　)

A. 目标利润率定价法　　B. 随行就市定价法
C. 成本加成定价法　　D. 边际贡献定价法
E. 理解价值法　　F. 投标定价法

10. 成本加成定价法的优点有(　　)。

A. 大大简化定价程序　　B. 感觉公平
C. 价格竞争可能减至最低限度　　D. 定价准确
E. 有利于利润最大化

11. 估计产品认知价值的方法有(　　)。

A. 目标市场法　　B. 直接价格评比法
C. 随行就市定价法　　D. 诊断法
E. 直接认知价值评比法

12. 顾客对于企业的某种产品的降低价格行为可能会有这样的理解(　　)。

A. 这种产品的样式过时了,将被新产品所代替
B. 这种产品有缺点,销售不畅
C. 企业财务困难,难于继续经营下去
D. 价格还要进一步下跌
E 这种产品的质量下降了

13. 竞争导向定价法主要有(　　)。

A. 成本加成定价法　　B. 随行就市定价法
C. 投标定价法　　D. 目标定价法
E. 感知价值定价法

14. 心理定价的策略主要有(　　)。

A. 声望定价　　B. 分区定价
C. 尾数定价　　D. 基点定价
E. 招徕定价

15. 产品组合定价策略主要有(　　)。

A. 统一交货定价　　B. 选择品定价
C. 产品大类定价　　D. 分部定价
E. 副产品定价

【判断题】

1.分销渠道中的批发商和零售商多采取反向定价法。（　）

2.基点定价是企业选定某些城市作为基点，然后按一定的厂价加上从基点城市到顾客所在地的运费来定价，按照顾客最远的基点计算运费。（　）

3.当采取感知价值定价法时，如果企业过高地估计感知价值，便会定出偏低的价格。（　）

4.产品形式差别定价是指企业对不同型号或形式的产品制定不同的价格，但它们的价格与成本费用之比却相同。（　）

5.在产品组合定价策略中，根据补充产品定价原理，制造商经常为主要产品制定较低的价格，而对附属产品制定较高的加成。（　）

6.尾数定价通常适用于高级、豪华的商品。（　）

7.在企业难以估算成本而且打算和同行和平共处的情况下，企业往往采取随行就市定价法。（　）

8.价格战的根源在于产品供过于求，同类产品过剩，同质化现象严重，售后服务不到位等。（　）

9.商品的需求程度和商品的替代性都与其需求弹性成正比。（　）

10.需求弹性大的商品可以通过降低价格扩大销售。（　）

11.从长期看，产品价格不能低于产品成本；从短期看，产品价格可以低于产品成本，但不能低于产品的单位变动成本。（　）

12.人们普遍追求物美价廉，因此所有商品都是定价越低越好。（　）

13.所谓现金折扣就是类似于"买200元送30元"之类的优惠促销活动。（　）

14.以获取利润最大化为目标，一般采取高价策略，即给产品制定最高价格。（　）

15."跳楼价""大甩卖"是一种招徕定价策略。（　）

16.差别定价的主要依据是产品成本的差异。（　）

17.俗话说：好货不便宜，便宜没好货。因此，给产品定最高价格就能树立高品质产品形象。（　）

18.产品成本是构成价格的基础，产品成本是指生产和销售过程中所消耗的总费用。（　）

19.当需求价格弹性系数大于1，采取价格调整策略才是有效的。（　）

20.地区定价主要是为了解决运费问题。（　）

【简答题】

1.企业在定价时应该考虑哪些因素？

2.定价的主要方法有哪些？

3.企业定价目标有哪些？

4.简述新产品的定价策略。

5.企业降价的主要原因有哪些？

6.受到竞争对手进攻后，企业应对变价考虑哪些因素？

7. 企业采取差别定价策略必须具备什么条件？

【案例分析题】

宝洁提价：日化企业的涨价抉择与博弈

2008 年 7 月 21 日，宝洁开始了新一轮的涨价，旗下护舒宝、帮宝适等系列产品价格大幅上调，涨幅达 10%～15%。

在此之前，宝洁已经实施了试探性的涨价。宝洁首先将目标定在了原本利润空间有限的洗衣粉、洗衣皂，“减量不减价”的“瘦身”是宝洁在这两款产品当中的策略。2008 年开始，宝洁洗衣粉的规格进行了几次更改，宝洁洗衣粉 520 克包装已经降为 508 克，1.8 千克包装则降为 1.7 千克。这是一次试探性的变相涨价，主要因为这类产品利润空间太薄必须涨价，而消费者对这类产品的价格又最为敏感，因此想通过这次瘦身试探消费者的接受程度。在经过一轮试探后，2008 年 6 月 16 日，宝洁洗衣粉再次提价近 5%。洗衣粉涨价是对上次“瘦身”的延续，主要是成本压力过大；同时宝洁又选择潘婷和玉兰油涨价，主要是潘婷和玉兰油的消费者对于价格相对不敏感，潘婷在洗发水当中是高端品牌，而玉兰油也是宝洁价格较为刚性的一个产品。在日化产品利益构成中，生产成本占整个终端价格的 40%～50%，营销成本占 30%～40%，扣掉企业管理、财务等成本，产品平均净利润只有 1%～3%。其中，日化产品的基础原材料大多来自石油衍生品，最终主要原料就是石油。

以石油衍生品为原料的日化行业的成本压力增加是不争的事实，这是所有产品线都面临的问题，但是宝洁每次价格调整都只针对部分产品。这次上调护舒宝、帮宝适等妇婴用品，主要还是因为这类产品的用户相对高端，对价格不敏感。宝洁不会轻易对海飞丝等产品进行涨价，因为海飞丝的直接对手联合利华的清扬势头很猛，宝洁不会因为涨价而再给对手带来机会。

（资料来源：改编自 http://news.sohu.com/20080729/n258436556.shtml。）

请分析讨论：

1. 宝洁产品价格上涨的主要原因是什么？

2. 宝洁如何调整产品价格？

参考答案

【名词解释】

1.目标定价法：根据估计的总销售收入(销售额)和估计的产量(销售量)来制定价格的一种方法。

2.反向定价法：又称可销价格倒推法，是指企业根据产品的市场需求状况，通过价格预测和试销、评估，先确定消费者可以接受和理解的零售价格，然后倒推批发价格和出厂价格的定价方法。

3. FOB原产地定价：消费者按照厂价购买某种产品，企业只负责将这种产品运到产地某种运输工具上交货。

4.撇脂定价策略：在产品生命周期的最初阶段，把产品的价格定得很高，以攫取最大利润。

5.渗透定价策略：新产品上市时，企业把产品价格定得偏低，以便吸引大量顾客，提高市场占有率。

【单项选择题】

1.D　2.A　3.B　4.C　5.B　6.A　7.C　8.B　9.C　10.A

11.A　12.B　13.D　14.A　15.C　16.A　17.C　18.A　19.C　20.B

21.B　22.A　23.C　24.B

【多项选择题】

1.CD　2.ABCE　3.ABCD　4.ABCD　5.AC

6.ABDE　7.CDE　8.ABC　9.ABCF　10.ABC

11.BDE　12.BCDE　13.BC　14.ACE　15.BCDE

【判断题】

1.√　2.×　3.×　4.×　5.√　6.×　7.√　8.√　9.×　10.√

11.√　12.×　13.×　14.×　15.√　16.×　17.×　18.×　19.×　20.√

【简答题】

1.企业在定价时应该考虑哪些因素？

答：需要考虑的因素主要有产品成本、企业定价目标、市场需求、竞争者的产品和价格、政府的政策法规和产品生命周期等因素。

2.定价的主要方法有哪些？

答：(1)成本导向定价法，这是一种主要以成本为依据的定价方法，包括成本加成定价法和目标定价法，其特点是简便、易用。

(2)需求导向定价法，这是一种以市场需求强度及消费者感受为主要依据的定价方法，包括感知价值定价法、反向定价法和需求差异定价法三种。

(3)竞争导向定价法，这是一种以本企业主要竞争对手的价格为基础和依据的一种定价方法,包括随行就市定价法、主动竞争定价法、投标定价法、拍卖定价法。

3.企业定价目标有哪些?

答:企业定价目标有利润目标、销售额目标、市场占有率目标、稳定价格目标。

4.简述新产品的定价策略。

答:(1)撇脂定价策略。在产品生命周期的最初阶段,把产品的价格定得很高,以攫取最大利润。

(2)渗透定价策略。新产品上市时,企业把产品价格定得偏低,以便吸引大量顾客,提高市场占有率。

(3)满意定价策略。在新产品投放市场时制定适中的价格,既保证企业获得一定的初期利润,又能为广大顾客所接受。

5.企业降价的主要原因有哪些?

答:(1)企业的生产能力过剩,需要扩大销售,但企业又不能通过产品改进和加强销售工作等来扩大销售。

(2)在强大竞争者的压力之下,企业的市场占有率下降。

(3)企业的成本费用比竞争者低,企图通过降价来掌握市场或提高市场占有率,从而扩大生产和销售量,降低成本费用。

6.受到竞争对手进攻后,企业应对变价考虑哪些因素?

答:产品在生命周期中所处的阶段;竞争者的意图和资源;市场对价格的敏感性;成本与销量的因素。

7.企业采取差别定价策略必须具备什么条件?

答:市场必须是可以细分的,而且各个市场细分时必须表现出不同的需求程度;以较低价格购买某种产品的消费者不能以较高价格把这种产品倒卖给别人;竞争者不能在企业以较高价格销售产品的市场上以低价进行销售;细分市场和控制市场的成本费用不得超过因实行价格歧视而得到的额外收入;差别价格不会引起消费者反感;采取的差别价格形式不能违法。

【案例分析题】

1.宝洁产品价格上涨的主要原因是什么?

答:宝洁产品价格上涨的主要原因是成本上升,不得不做出上调价格的决策。

2.宝洁如何调整产品价格?

答:宝洁在调整产品价格时采取了分步骤、分产品的不同策略,这里涉及影响产品价格的诸多因素,如产品成本、市场需求、竞争者等。因此,在做出定价之前,必须分析影响企业定价的因素,然后针对若干主要影响因素,给产品制定适宜的价格。

第十三章　分销策略

一、学习目的

通过本章的学习，了解市场营销中分销和物流的含义及职能，理解影响分销渠道设计和选择的因素，掌握分销渠道和物流管理的基本理论和方法以及中间商的功能，能够应用分销渠道理论分析营销现实问题。

二、重点内容

(一)分销渠道的职能和类型

1. 分销渠道的含义和职能

市场营销渠道是指配合生产、分销和消费某一生产者的产品或服务的所有组织和个人。分销渠道是指促使某种产品或服务在从生产者向消费者转移过程中，取得这种产品和服务的所有权或帮助所有权转移的所有组织和个人。

分销渠道的主要功能包括研究、促销、接洽、谈判、订货、分配、物流、融资、风险承担、付款、所有权转移、服务。

2. 分销渠道类型

(1)分销渠道的层次。产品从生产领域转移到消费领域，任何一个对产品拥有所有权或负有推销责任的机构，都可以被视为一个层次。市场营销学中以中间商机构层次的数目来表述渠道的长度。分销渠道按照其长度来分，可以分为长渠道和短渠道。

消费品销售渠道一般有四种基本类型：制造商—消费者，制造商—零售商—消费者，制造商—代理商或者批发商—零售商—消费者，制造商—代理商—批发商—零售商—消费者。

工业品销售渠道有三种基本类型：制造商—工业品用户，制造商—代理商或者工业品经销商—工业品用户，制造商—代理商—工业品经销商—工业品用户。

企业需要在综合考虑商品特点、市场特点、自身条件以及策略实施效果等各种因素的基础上，具体决定采用长渠道策略还是短渠道策略。

(2)分销渠道的宽度。分销渠道的宽度是指渠道中的每一个层次使用的同种类型中间商的数目，包括密集分销、选择分销和独家分销三种。

(二)分销渠道策略

1. 影响分销渠道设计的因素

影响分销渠道设计的主要因素有顾客特性、产品特性、中间商特性、竞争特性、环境特性、企业特性。

2. 分销渠道设计的主要任务和内容

①明确企业预期达到的顾客服务水平；

②确定渠道目标与限制条件；

③明确各种渠道备选方案；

④评估各种可能的渠道备选方案。

3. 分销渠道的管理

要重视对分销渠道的管理，主要集中在选择渠道成员、激励渠道成员、评估渠道成员和渠道成员的改进四个方面。

4. 窜货现象及其整治

窜货是指经销商置经销协议和制造商长期利益不顾，进行跨区降价销售。产生这种现象的主要原因是：某些地区市场供应饱和；广告拉力过大，渠道建设没有跟上；企业在资金、人力等方面不足，造成不同区域之间渠道发展不平衡；企业给予渠道的优惠政策各不相同，分销商利用地区差价窜货。

窜货的主要整治办法有：签订不窜货协议；外包装区域差异化；控制运货单；建立科学的内部分区业务管理制度。

(三)批发商和零售商

1. 批发和批发商

批发是指一切将产品或服务售给为了转卖或商业用途而购买的组织或个人的活动。

批发商是指那些主要从事批发业务的公司，主要有三种类型。

(1)商人批发商：自己进货取得产品所有权后再批发出售的商业企业，也就是人们通常说的独立批发商。

(2)经纪人或代理商：专门从事购买、销售或两者兼备，但不取得产品所有权的企业或个人，主要职能在于促成交易和赚取佣金作为报酬。

(3)制造商及零售商的分店和销售办事处：买方和卖方自行经营批发业务。

2. 零售和商店零售商

零售是指所有向最终消费者直接销售产品或服务，用于个人及非商业用途的活动。

零售商是指向最终消费者提供商品和服务的中间商。零售商是销售系统中数量最多的组织。它按经营商品类别不同，分为专用品商店、百货商店、超级市场、便利店等。

零售商的组织形式一般可以分为商店零售商和无门市零售商两种。商店零售商包括专用品商店、百货商店、超级市场、便利店、折扣商店、仓储商店等。无门市零售的主要形式包括直复营销、直接销售、电话营销、自动售货、购物服务公司、电视购物与网上商店等。

(四)物流策略

1. 物流的含义与职能

所谓物流,是通过有效地安排商品的仓库、管理和转移,使商品在需要的时间到达需要的地点的经营活动。

物流的职能是将产品由生产地转移到消费地,从而创造地点效用。物流作为市场营销的一部分,不但包括产品运输、保管、装卸、包装,而且包括开展这些活动过程中所伴随的信息传播。

2. 物流的目标

物流目标是通过有效选择,适当兼顾最佳顾客服务与最低配送成本。具体要求是:在致力于改善对顾客服务的过程中,将各项物流费用视为一个整体,努力降低物流总成本,而不只是个别项目成本费用的增减;将全部市场营销活动视为一个整体,各项市场营销活动都必须考虑物流目标,联系其他活动的得失加以权衡,避免孤立处理某一具体营销业务而导致物流费用不适当增加;权衡各项物流费用及效果,为维持或提高顾客服务水平而增加的某些成本项目被视为必需的;不能使消费者受益的,成本费用坚决压缩。

课后练习

【名词解释】

1. 分销渠道　2. 中间商　3. 经销商　4. 零售商

【单项选择题】

1. 某电脑制造商把其市场分为6个地区，并在每一个地区选择一个中间商来经销该产品，该电脑制造商的分销渠道策略最可能是（　　）。

A. 独家分销　　B. 选择分销

C. 广泛分销　　D. 密集分销

2. 经营一类或少数几类产品，经营范围狭窄，但产品的规格型号齐全，这种零售商的形式是（　　）。

A. 百货商店　　B. 便利店

C. 超级市场　　D. 专卖店

3. 制造商尽量增加批发商、代理商或零售商的数目，使产品能够广泛地分销出去。这是（　　）。

A. 密集分销　　B. 选择分销

C. 独家分销　　D. 自己分销

4. 分销渠道策略的实质是（　　）。

A. 寻找尽可能短的销售渠道

B. 找到最理想的中间商

C. 便于顾客购买，扩大企业产品销售量

D. 确定使用何种分销渠道

5. 不经中间商转手，适合于产业用品和单位价值较大的消费品的分销渠道结构是（　　）。

A. 零级渠道　　B. 一级渠道

C. 二级渠道　　D. 三级渠道

6. 任何一个物流系统都必须考虑（　　）。

A. 服务水平　　B. 成本

C. 利润　　D. A 和 B

7. 在评估渠道方案时，最重要的标准是（　　）。

A. 控制性　　B. 经济性

C. 适应性　　D. 可行性

8. 既不持有存货，又不参与融资或风险的商业单位是（　　）。

A. 制造商代理　　B. 销售商代理

C. 产品经纪人　　D. 佣金商

9.产品从生产者流向最终消费者的过程中不经过任何中间商转手的市场分销渠道，叫(　　)。

A.一级渠道　　B.二级渠道

C.三级渠道　　D.零级渠道

10.对产品实体具有控制力并参与产品销售协商的代理商是(　　)。

A.产品经纪人　　B.制造商代理

C.采购代理商　　D.佣金商

11.含有一个销售中介组织的销售渠道称为(　　)。

A.二级渠道　　B.零级渠道

C.一级渠道　　D.三级渠道

12.出口商在国际市场上直接与零售商或该商品用户从事交易的渠道策略叫(　　)策略。

A.窄渠道　　B.宽渠道

C.长渠道　　D.短渠道

13.分销渠道不包括(　　)。

A.商人中间商　　B.代理中间商

C.生产者和用户　　D.供应商

14.零售商自愿合作销售网络属于(　　)分销模式。

A.公司式　　B.管理式

C.契约式　　D.多渠道

15.在选择中间商时，(　　)是最关键的因素。

A.市场覆盖范围　　B.分销商声誉

C.分销商财务状况　　D.分销商促销能力

16.物流系统中总成本的数学公式为 D＝T＋FW＋VW＋S，其中 T 代表(　　)。

A.总运输成本　　B.总固定仓储费

C.总变动仓储费　　D.总成本

17.某出版社利用当当网销售营销类教材给学生，这种渠道形式属于(　　)。

A.直接渠道　　B.一级渠道

C.二级渠道　　D.直接销售

18.一般来说，企业规模大、财力强、控制欲望强时，往往选择(　　)。

A.零级渠道　　B.一级渠道

C.多级渠道　　D.宽渠道

19.采取(　　)厂家可以准确了解顾客的信息，能很好地跟踪顾客服务。

A.代理商模式　　B.经销商模式

C.直接渠道　　D.水平渠道

20.渠道管理的基本内容不包括(　　)。

A.经销商管理　　B.渠道终端管理

C.客户管理　　D.员工培训

【多项选择题】

1. 分销渠道通过创造(　　),完成与产品转移有关的一系列活动。

A. 形式效用　　B. 所有权效用

C. 时间效用　　D. 地点效用

2. 渠道成员包括(　　)。

A. 生产企业　　B. 用户

C. 物流公司　　D. 代理商

3. 企业不通过流通领域的中间环节,采用产销合一的经营方式,直接将商品卖给消费者的是(　　)。

A. 直接渠道　　B. 直销

C. 零级渠道　　D. 短渠道

4. 对渠道方案进行评估时,常用的评估标准有(　　)。

A. 渠道通畅标准　　B. 经济性标准

C. 可控性标准　　D. 适应性标准

5. 代理商按其与厂家的交易方式可分为(　　)。

A. 独家代理　　B. 佣金代理

C. 买断代理　　D. 多家代理

6. 下列产品因素对渠道宽度涉及的影响描述正确的是(　　)。

A. 产品越重,渠道越窄

B. 产品价值越大,渠道越窄

C. 产品越是非规格化,渠道越宽

D. 产品生命越长,渠道越宽

7. 影响分销渠道设计的因素有(　　)。

A. 顾客特性　　B. 产品特性

C. 竞争特性　　D. 企业特性

E. 环境特性

8. 渠道的交替方案主要涉及(　　)。

A. 中间商类型　　B. 顾客的偏好

C. 产品特性　　D. 中间商数目

E. 渠道成员的特定任务

9. 当生产者对中间商激励过分时,会导致(　　)。

A. 销量提高　　B. 销量降低

C. 销量不变　　D. 利润减少

E. 利润提高

10. 批发商主要有哪些类型?(　　)

A. 商人批发商　　B. 经销商

C. 经纪人或代理商　　D. 制造商销售办事处

E. 仓储商店

11. 商人批发商按提供的服务是否完全来分类，可分为(　　)。

A. 完全服务批发商　　B. 有限服务批发商

C. 代理商　　D. 经纪人

E. 制造商代表

12. 超级市场的主要竞争对手是(　　)。

A. 方便食品店　　B. 购物中心

C. 折扣食品店　　D. 超级商店

E. 百货商店

13. 无门市零售的主要形式是(　　)。

A. 直复营销　　B. 直接销售

C. 自动售货　　D. 购物服务公司

E. 传销

14. 物流现代化需要多种技术支撑，包括(　　)。

A. 条形码　　B. 电子货币

C. 电子收款机　　D. 电子数据交换

E. 电子防盗设备

15. 分销渠道的基本工程包括(　　)。

A. 便于搜寻　　B. 提供市场信息

C. 降低成本　　D. 分装商品

E. 扩大销售

【判断题】

1. 代理商的最主要特点是其无固定的营业场所。(　　)

2. 尽管中间商进行分销增加了产品成本，但同时也增加了价值，所以每个企业仍需要通过中间商分销。(　　)

3. 自己进货并取得产品所有权后再批发出售的商业企业是经纪人或代理商。(　　)

4. 经纪人是从事购买或销售或二者兼备的洽商工作，并取得产品所有权的商业单位。(　　)

5. 新型商店的出现是为了满足顾客对服务水平和具体服务项目的各种不同的偏好。(　　)

6. 折扣商店以低价销售产品，所以其经营的产品品质一般不会很高。(　　)

7. 自动售货机能向顾客提供24小时服务和无须搬运产品等便利条件。(　　)

8. 从市场观点来看，物流规划应从工厂开始考虑，并将所获得的信息反馈到原料的需求来源。(　　)

9. 企业一般根据竞争者的现行顾客服务水平来确定自己的顾客服务水平。(　　)

10. 如果存货、仓储和运输单位的决策中心的经营状况良好，并且都能降低个别单位的成本，系统的物流成本降到最低限度，那么该物流系统是有效的。(　　)

【简答题】

1. 现代分销渠道有哪些特点？

2.市场分销渠道的类型有哪些?

3.简述批发商的特点。

4.分销渠道选择的原则是什么?

【案例分析题】

B公司是某国化妆品市场上彩色化妆品的领导者,占据着16%的市场份额。在过去,B公司的彩色化妆品主要通过百货商店的专柜进行销售,取得了很好的业绩。但是随着零售业态的发展,大型卖场和超市的重要性显得越来越突出。在2年前,B公司开始向百货商店以外的分销渠道发展,逐渐地进入了大型卖场和化妆品专营店。在大型卖场,销售呈现出了稳健的上升趋势。但是在超市,销售情况却不容乐观。情况如下:

第一,超市主要经营食品,化妆品区比较小,有些超市甚至只有日化区而没有化妆品区。

第二,消费者还没有习惯在卖场和超市买化妆品,即使是在10000平方米以上的大卖场,该化妆品销售量也远远低于百货商店。

问题还不仅仅如此,B公司作为该国化妆品市场上彩色化妆品的领导者,给予分销商的贸易条件也越来越苛刻,随着品牌的成熟,市场支持的费用也在逐年减少。

下面是该化妆品在超市销售的一个大概情况:

(1)在超市的销售额一般为每月3000元。

(2)陈列方式是平柜和陈列架的组合。

(3)分销商的毛利一般在12%左右。如果聘用一名促销人员,就立刻会导致亏损。促销人员的平均工资在1000元左右。

(4)不用促销人员,销售就很低迷,利润甚至连2000元都达不到;用促销人员,分销商的利润又不够支付促销人员工资。

(5)如果陈列在日化区的货架上,偷窃情况就会变得很严重,商店则要把这些失窃商品算在分销商的头上,分销商显然也无法承担。

请分析讨论:

1.在B公司的渠道选择中,卖场和超市各有什么优点?

2.导致彩色化妆品容易被盗的原因之一是简易包装或无包装,B公司是否可以考虑改用盒子包装?

3.针对该公司在超市销售模式中所存在的问题,请提出你的合理化解决对策。

参考答案

【名词解释】

1.分销渠道:指促使某种产品或服务在从生产者向消费者转移过程中,取得这种产品和服务的所有权或帮助所有权转移的所有组织和个人。

2.中间商:是指生产者与用户之间,参与商品交易业务,促进买卖行为发生和实现的,具有法人资格的经济组织和个人。

3.经销商:是指从事商品交易业务,在商品买卖过程中拥有商品所有权的中间商。

4.零售商:向最终消费者提供商品和服务的中间商。零售商是销售系统中数量最多的组织。它按经营商品类别不同,分为专用品商店、百货商店、超级市场、便利店等。

【单项选择题】

1.A 2.D 3.A 4.C 5.A 6.D 7.B 8.C 9.D 10.D

11.C 12.D 13.D 14.C 15.A 16.A 17.B 18.A 19.C 20.D

【多项选择题】

1.ABCD 2.ABD 3.ACD 4.BCD 5.BC

6.ABD 7.ABCDE 8.ADE 9.AD 10.ACD

11.AB 12.ACD 13.ABCD 14.ABCD 15.ABD

【判断题】

1.× 2.√ 3.× 4.× 5.√ 6.× 7.√ 8.√ 9.√ 10.√

【简答题】

1.现代分销渠道有哪些特点?

答:①分销渠道是实现产品价值的通道;

②分销渠道是一些相关经营组织和个人的组合;

③分销渠道以产品所有权为前提。

2.市场分销渠道的类型有哪些?

答:①按照产品属于消费品还是工业品,可以分为消费品分销渠道模式(零级渠道、一级渠道、二级渠道、三级渠道),工业品分销渠道模式(零级渠道、一级渠道、二级渠道);

②按是否使用中间商,可以分为直接渠道和间接渠道;

③按分销过程中经历中间环节的多少,可以分为长渠道和短渠道;

④按企业在销售中使用中间商的多少,可以分为宽渠道和窄渠道。

3.简述批发商的特点。

答:①批发商的交易次数较少而每次交易数量都很大,并有一定的批发起点,以批发价格出售;

②批发商的交易对象往往比较稳定,他们对交易的规格、性能等有比较深刻的了解,具备一定的专门知识;

③批发商拥有比较雄厚的资金,可以承担比较大的风险;

④批发商的活动范围广,可以把相距很远的甲地产品售往乙地;

⑤批发商对市场变化的反应比零售商更加敏感;

⑥批发商的进货渠道比较稳定,与生产者关系更为密切。

4.分销渠道选择的原则是什么?

答:①必须有利于满足消费者的需要;

②必须与企业整体营销活动协调平衡;

③必须有利于发挥企业的优势;

④必须保证商品流通的不间断性及时效性;

⑤必须能够带来显著的经济效益。

【案例分析题】

1.在B公司的渠道选择中,卖场和超市各有什么优点?

答:卖场的优点是品牌形象好,便于识别和开发潜在顾客,购买集中,顾客信赖等;超市的优点是人流量大,租金便宜,能满足顾客一站式购物需要等。

2.导致彩色化妆品容易被盗的原因之一是简易包装或无包装,B公司是否可以考虑改用盒子包装?

答:彩色化妆品的特点是绚丽多彩,其外包装一定要突出这个特点。采用简易包装或无包装可以把产品直接裸露在顾客视线中,可以加深顾客的印象。而且,在卖场中也是销售同样的产品,不能因为在超市中销售就增加包装,造成产品的差异化,因此,改用盒子包装是不合适的。

3.针对该公司在超市销售模式中所存在的问题,请提出你的合理化解决对策。

答案要求:学生提出的建议能够有利于解决相关问题,合理即可。

第十四章　促 销 策 略

一、学习目标

通过本章的学习，理解促销的含义与作用；掌握促销组合的含义；理解人员推销的含义、特点；理解广告、广告媒体及其类型，广告效果的测定；理解公共关系的含义、特点、目标和工作程序；理解营业推广的含义、特点以及营业推广的方式。

二、重点内容

（一）促销及促销组合的含义

促销是企业通过人员和非人员的方式，沟通企业与消费者之间的信息，引发、刺激消费者的消费欲望，使其产生购买行为的活动。促销方式是广告宣传、公共关系、营业推广、人员推销。

促销组合是企业根据产品的特点和营销目标，在综合分析各种影响因素的基础上，对各种促销方式的选择、编配和运用。促销策略包含推式策略与拉式策略。

（二）人员推销策略

人员推销是指企业派出人员或委托推销人员，亲自向目标顾客对商品或服务进行介绍、推广宣传和销售。它的特点是针对性强、方式灵活、反馈及时、接触面窄、费用高。

（三）广告宣传策略

广告是广告主以促进销售为目的，付出一定的费用，通过特定的媒体传播商品或劳务等有关经济信息的大众传播活动。

广告媒体是广告主与广告接受者之间的连接物质。目前比较常用的广告媒体有报纸、杂志、广播、电视、互联网、户外广告等。

在选择广告媒体时，通常会考虑产品的性质、消费者接触媒体的习惯、媒体的传播范围、媒体的影响力、媒体的费用等因素。

广告效果的测定包括广告沟通效果的测定和广告销售效果的测定。广告效果比率＝销售额增加率÷广告费用增加率。

(四)公共关系策略

公共关系策略是指企业在从事市场营销活动中正确处理企业与社会公众的关系,以便树立企业的良好形象,从而促进产品销售的一种活动。

公共关系的目标是为企业广结良缘,创造良好的企业形象和社会声誉,其基本方式是双向信息沟通,主要运用新闻宣传、策划特殊事件、参与公益服务活动、发表演讲、发行公开出版物等间接促销的方式。

开展公共关系活动,其基本程序包括调查、计划、实施、检测四个步骤。

1. 公共关系调查

公共关系调查是公共关系工作的一项重要内容,是开展公共关系工作的基础和起点。通过调查,能了解和掌握社会公众对企业决策与行为的意见。

2. 公共关系计划

在制订公关计划时,要以公关调查为前提,依据一定的原则来确定公关工作的目标,并制订科学、合理、可行的工作方案,如具体的公关项目、公关策略等。

3. 公共关系实施

为确保公共关系实施的效果最佳,正确地选择公共关系媒介和确定公共关系的活动方式是十分必要的。

4. 公共关系检测

公共关系活动评价标准:展露率(包括在不同媒体上出现的频率和次数)、理解率、销售增长率。

(五)营业推广策略

营业推广又称销售促进,是指企业在短期内刺激消费者或中间商对某种或几种产品或服务产生大量购买的促销活动。营业推广的种类和具体形式主要有以下几种:

1. 针对消费者的营业推广方式

为了鼓励消费者更多地购买和使用产品,促使其大量购买,一般企业会采用派发样品、送赠品、提供优惠券、减价优惠、退款优惠、趣味促销、以旧换新、示范表演等方式。

2. 针对中间商的营业推广方式

为了吸引中间商经营本企业的产品,维持较多的存货,一般会通过销售津贴、列名广告、赠品、销售竞赛、业务会议和展销会的方式进行促销。

3. 针对销售人员的营业推广方式

常见的方式有销售奖金、培训进修、会议交流、旅游度假。为了防止达不到促销效果、影响产品销售、损害企业形象,企业在运用营业推广方式进行促销时,需要注意选择适当的方式,确定合理的期限,禁忌弄虚作假,注重中后期宣传。

课后练习

【名词解释】

1.促销　2.促销组合　3.推式策略　4.拉式策略　5.广告　6.网络广告

【单项选择题】

1.促销工作的实质与核心是(　　)。

A.出售商品　　B.沟通信息

C.建立良好的关系　　D.寻找顾客

2.促销的目的是引发、刺激消费者产生(　　)。

A.购买行为　　B.购买兴趣

C.购买决定　　D.购买欲望

3.我们日常生活中常见的商家打折、买赠等属于促销策略中的(　　)。

A.广告宣传　　B.营业推广

C.人员推销　　D.公共关系

4.对于单位价值高、性能复杂、需要做示范的产品,通常采用(　　)策略。

A.广告宣传　　B.公共关系

C.推式　　D.拉式

5.营业推广是一种(　　)的促销方式。

A.常规性　　B.辅助性

C.经常性　　D.连续性

6.人员推销的缺点主要表现为(　　)。

A.成本低,顾客量大　　B.成本高,顾客量大

C.成本低,顾客有限　　D.成本高,顾客有限

7.在产品生命周期的投入期,消费品的促销目标主要是宣传介绍产品,刺激购买欲望的产生,因而主要应采用(　　)的促销方式。

A.广告　　B.人员推销

C.价格折扣　　D.营业推广

8.公关活动的主体是(　　)。

A.一定的组织　　B.顾客

C.政府官员　　D.推销员

9.公共关系的目标是使企业(　　)。

A.出售商品　　B.盈利

C.广结良缘　　D.占领市场

10.一般日常生活用品,适合于选择(　　)媒介做广告。

A.人员　　B.专业杂志

C.电视　　D.公共关系

11. 直复营销是指企业与(　　)直接沟通以产生反应或交易的一种营销形式。

A. 目标顾客　　B. 中间商

C. 媒体　　D. 网络

12. 儿童智力玩具一般宜选择(　　)作为广告媒介。

A. 报纸　　B. 广播

C. 电视　　D. 杂志

13. 电视广告是广告媒体中最重要的一种,但其不足是(　　)。

A. 传递的信息有限　　B. 表现能力有限

C. 传播范围较小　　D. 费用昂贵,时效短

14. 对消费者能产生强烈刺激、能获得消费者快速反应的促销工具是(　　)。

A. 人员推销　　B. 营业推广

C. 广告　　D. 公共关系

15. 企业为扩大销售和应付竞争会采用许多方法刺激顾客,如商品展销、降价、买物赠券等,这些方法属于整合营销传播工具中的(　　)。

A. 营业推广　　B. 广告宣传

C. 公共关系　　D. 人员推销

16. 广告预算确定方法中最合理的是(　　)。

A. 销售比例法　　B. 毛利比例法

C. 竞争对抗法　　D. 市场占有率法

17. 企业按照一定的预算方式,支付一定的费用,通过一定的媒体把商品信息传送给广大目标顾客的一种促销方式是(　　)。

A. 广告　　B. 销售促进

C. 人员推销　　D. 公共宣传

18. 对于一些季节性强的商品和一些新上市的产品,企业经常采用(　　)广告预算的方法。

A. 按广告时间分配　　B. 按广告地区分配

C. 按广告机能分配　　D. 按广告媒体分配

19. 在产品生命周期投入期应以(　　)为主。

A. 通知性广告　　B. 选择性广告

C. 提示性广告　　D. 以上都可以

20. 在产品生命周期成熟期应以(　　)为主。

A. 通知性广告　　B. 选择性广告

C. 提示性广告　　D. 以上都可以

21. 目的是使消费者记住某牌号产品的广告是(　　)。

A. 制造商广告　　B. 劝说性广告

C. 告知性广告　　D. 提示性广告

22. 下面不属于公共关系策略的是(　　)。

A. 贫困基金捐献

B. 处理内部信访

C. 召开部门间的联谊会

D. 给予中间商数量折扣

23. 公共关系(　　)。

A. 是一种短期促销战略

B. 直接推销产品

C. 树立企业形象

D. 需要大量的费用

24. 开展公共关系工作的基础和起点是(　　)。

A. 公共关系调查　　B. 公共关系计划

C. 公共关系实施　　D. 公共关系策略选择

25. 以下关于促销与营销的关系说法正确的是(　　)。

A. 促销就是营销

B. 促销是营销策略中的一个部分

C. 促销是营销的发展

D. 营销的重点是促销

【多项选择题】

1. 促销的具体方式包括(　　)。

A. 市场细分　　B. 人员推销

C. 广告宣传　　D. 公共关系

E. 营业推广

2. 促销策略从总的指导思想上可分为(　　)。

A. 组合策略　　B. 单一策略

C. 推式策略　　D. 拉式策略

E. 综合策略

3. 促销组合和促销策略的制定影响因素较多,主要应考虑的因素有(　　)。

A. 消费者状况　　B. 促销目标

C. 产品因素　　D. 市场条件

E. 促销预算

4. 人员推销活动中的三个基本要素为(　　)。

A. 需求　　B. 购买

C. 推销人员　　D. 推销对象

E. 推销品

5. 下列与新媒体营销相关的营销平台包括(　　)。

A. 微信　　B. 微博

C. 社交网络　　D. 视频分享

E. 位置营销

6. 归纳起来，广告目标有(　　)。

A. 告知目标　　B. 竞争目标
C. 劝说目标　　D. 开拓目标
E. 提示目标

7. 人员推销的基本形式包括(　　)。

A. 上门推销　　B. 柜台推销
C. 会议推销　　D. 洽谈推销
E. 约见推销

8. 直复营销的形式包括(　　)。

A. 直接邮寄　　B. 电话营销
C. 目录营销　　D. 网络营销
E. 营业推广

9. 公共关系的活动方式可分为(　　)。

A. 宣传性公关　　B. 征询性公关
C. 交际性公关　　D. 服务型公关
E. 赞助性公关

10. 属于广告设计原则的是(　　)。

A. 真实性　　B. 社会性
C. 针对性　　D. 艺术性
E. 广泛性

11. 企业兴办促销活动的时机选择，一般考虑的因素有(　　)。

A. 企业的营销状况　　B. 消费需求的特点
C. 社会活动的影响　　D. 企业自身的活动安排
E. 活动持续的时间

12. 在公关宣传上，有多种媒体可选择，不同的媒体适合不同的公众与商品，花费不同的成本，产生的效果也不同。所以在媒体选择上应遵循(　　)。

A. 真实性原则　　B. 对象原则
C. 互惠互利原则　　D. 商品原则
E. 经费原则

13. 广告设计的原则是(　　)。

A. 主题性原则　　B. 真实性原则
C. 艺术性原则　　D. 创新性原则
E. 简明性原则

14. 在接近潜在顾客时，销售人员需要掌握的技巧有(　　)。

A. 不卑不亢，尊重顾客　　B. 由表及里，接近目标
C. 充满自信，面带微笑　　D. 知难而退，衷心感谢
E. 抓住时机，收集信息

15. 促销组合是(　　)等手段的综合运用。

A. 广告宣传　　B. 人员推销

C. 公共关系　　D. 产品开发

E. 营业推广

16. 销售人员与顾客见面之前必须注意的问题是(　　)。

A. 热情洋溢　　B. 着装随意

C. 头发整齐　　D. 温文尔雅

17. 企业为了使预期的销售定额得以实现,还要采取相应的鼓励措施,其中最为常见的是(　　)。

A. 奖金　　B. 旅游

C. 佣金　　D. 销售竞赛

18. 在商品成长期采用广告推广策略的目的是(　　)。

A. 提高商品的知晓率

B. 增加消费者的偏爱和信任

C. 提高商品的认知率

D. 提高商品的知名度和美誉度

19. 下列情况适合用赠品促销的是(　　)。

A. 促使消费者从竞争品牌改用自家品牌时

B. 促使消费者试用新产品、接受新品牌时

C. 为了保持商品使用频率稳定时

D. 为了开辟新市场时

20. 促销策略的市场评价指标包括(　　)。

A. 铺货率　　B. 参与者人数

C. 经销商的配合度　　D. 销售额

【判断题】

1. 人员促销也称直接促销,它主要在消费者数量多、比较分散的情况下进行促销。(　　)

2. 销售促进适合在长期性的促销活动中使用。(　　)

3. 推式策略,是企业运用人员推销的方式,把产品推向市场,即从生产企业推向中间商,再从中间商推向消费者或最终用户。(　　)

4. 人员推销的双重目的是相互联系、相辅相成的。(　　)

5. 销售促进是一种常规性的促销方式。(　　)

6. 公益广告是用来宣传公益事业或公共道德的广告,所以它与企业的商业目的无关。(　　)

7. 拉式策略一般适合单位价值较高、性能复杂、需要做示范的产品。(　　)

8. 因为促销是有其自身统一规律性的,所以不同企业的促销组合和促销策略也应该是相同的。(　　)

9. 公共关系需要为媒体的报道支付酬金。(　　)

10. 推销员除了要负责为企业推销产品以外，还应该成为顾客的顾问。（　　）

11. 销售促进就是每个企业对消费者及中间商进行产品推广。（　　）

12. 直复营销就是运用多种媒体对目标顾客施加直接影响以促进销售的活动的总称。（　　）

13. 营业推广是消费品营销活动中最主要的促销手段。（　　）

14. 促销的一切活动实质上是信息的传播或沟通过程。（　　）

15. 在促销策略的运用中，消费品偏重人员推销与公共关系，而工业品则偏向于广告宣传和营业推广。（　　）

16. 企业的销售促进活动进入到中后期依然需要一定的宣传配合活动。（　　）

17. 在激烈的市场竞争中，一些中小企业的广告费不及大企业的零头，广告对中小企业已无作用。（　　）

18. 企业赞助的主要目的是为其产品及企业自身提供宣传的机会。（　　）

19. 与促销相比，在建立品牌知名度以及在竞争中为品牌定位方面，广告的效果一般较好。（　　）

20. 抽奖促销通常需要大量的媒体广告经费。（　　）

【简答题】

1. 促销包含哪几方面的含义？
2. 人员推销与非人员推销相比，其优点表现在哪些地方？
3. 如何对销售促进进行合理的控制？
4. 促销策划方案的结构有哪些？
5. 促销可行性分析包括哪些内容？
6. 组合促销的特点是什么？

【案例分析题】

"莎莉之星"评选的游戏促销

"莎莉"服饰品牌成立两周年之际，准备举办一场声势浩大的促销活动，一方面是为了庆祝品牌成立，另一方面也想借此促销活动扩大品牌的知名度和影响力。

"莎莉"分析了自己的目标消费群体，这是一群时尚、追求完美和魅力的都市女性，她们自信、勇敢和果断。于是，"莎莉"决定开展一次"莎莉之星"评选的促销活动，以此来为自己的两周年店庆造势，同时也能扩大自己的影响力，吸引更多的年轻美丽的女性成为自己的顾客。

活动期限为两个月，活动期间，凡是在店内购物满1000元的顾客均可以得到一张"莎莉之星"评选赛券，凭借此参赛券去指定的摄影中心免费享受艺术照一套，然后由顾客本人挑选出最好的一张参加"莎莉之星"评选。在这两个月中，由"莎莉"品牌的官方网站组织网上投票的活动，选出"莎莉之星"一名。"莎莉之星"将为"莎莉"品牌代言一年，并可获得3万元的奖金和享受全年该品牌产品的5折优惠，消费数量不限。另外，将评选出十名"莎莉希望之星"，她们均可以得到一张"莎莉VIP卡"，享受全年的新品折扣。

活动一经推出，就得到了消费者的强烈响应，参赛人数众多。因为"莎莉"的参赛门槛是必须购物满1000元，所以，两个月来，“莎莉”的销售额也顺势增长了不少，“莎莉”的官方网站是投票的主要阵地，所以点击率一直居高不下。“莎莉”给参与投票的消费者也准备了精美的礼品，只要参与了投票，就可以持唯一领奖凭证——身份证去“莎莉”的任何一家专卖店领取“莎莉”两周年店庆纪念品一份。

两个月后，“莎莉之星”评选活动结束，“莎莉”顺势召开了记者招待会，向社会介绍了“莎莉之星”2005年度的品牌代言人，并请公证处的公证人员对此次活动的整个过程进行公证。

通过此次“莎莉之星”评选活动，该品牌的知名度大大提高。

请分析讨论：

1.请问案例中采用的是哪种促销方式？按照促销提供的利益分类，案例应属于哪种类型？

2.评价“莎莉之星”的促销活动，分析其产生效果的原因所在。

参考答案

【名词解释】

1.促销:促进销售的简称,企业通过人员和非人员的方式,沟通企业与消费者之间的信息,引发、刺激消费者的购买欲望,使其产生购买行为的活动。

2.促销组合:企业根据产品的特点和营销目标,在综合分析各种影响因素的基础上,对各种促销方式的选择、编配和运用。促销策略包含推式策略与拉式策略。

3.推式策略:企业利用人员推销,以中间商为主要促销对象,把产品推入分销渠道,最终推向市场。

4.拉式策略:企业利用广告、公共关系和营业推广等促销方式,以最终消费者为主要促销对象,设法激发消费者对产品的兴趣和需求,促使消费者向中间商、中间商向制造商企业购买该产品。

5.广告:广告主以促进销售为目的,付出一定的费用,通过特定的媒体传播商品或劳务等有关经济信息的大众传播活动。

6.网络广告:通过网络投放平台,利用网站上的广告横幅、文本链接、多媒体,在互联网刊登或发布广告,通过网络传递到互联网用户的一种高科技广告运作方式。

【单项选择题】

1.B 2.D 3.B 4.C 5.B 6.D 7.A 8.A 9.C 10.C

11.A 12.C 13.D 14.A 15.A 16.A 17.A 18.A 19.A 20.B

21.D 22.D 23.C 24.A 25.B

【多项选择题】

1.BCDE 2.CD 3.BCDE 4.CDE 5.ABCD

6.ACE 7.ABC 8.ABCD 9.ABCDE 10.ABCD

11.ABCD 12.BDE 13.ABCDE 14.ABCDE 15.ABCE

16.ACD 17.ABCD 18.ABCD 19.ABD 20.ABD

【判断题】

1.× 2.× 3.√ 4.√ 5.× 6.× 7.× 8.× 9.× 10.√

11.× 12.√ 13.× 14.√ 15.× 16.√ 17.× 18.√ 19.× 20.√

【简答题】

1.促销包含哪几方面的含义?

答:①促销工作的实质与核心是沟通信息;②促销的目的是引发、刺激消费者产生购买欲望;③促销的方式有人员促销和非人员促销两类。

2.人员推销与非人员推销相比,其优点表现在哪些地方?

答:①信息传递的双向性;②推销目的的双重性;③推销过程的灵活性;④友谊、协助的长期性。

3.如何对销售促进进行合理的控制？

答：销售促进方式很多，各种方式方法都有各自的适应性，选择恰当的销售促进方式是促销获得成功的关键。

控制好销售促进时间的长短也是取得预期促销效果的重要一环，确定合理的销售促进期限，防止过长或过短，否则都不可能收到最佳的促销效果。

在销售全过程中一定要杜绝弄虚作假、欺骗顾客的错误行为，否则将会失去商誉，失去竞争的胜利。

销售促进容易出现虎头蛇尾的状况，必须通过控制手段，加强中后期宣传，以保证销售促进的圆满完成，取得消费者的信任。

此外，销售促进控制也体现在推广预算上，力争用最少的投入获取更大的产出。

4.促销策划方案的结构有哪些？

答：①标题页；②目录；③摘要；④正文，包括市场分析、促销目标、促销提案、广告配合方案、促销活动实施细则、意外防范、预算、效果评估、附录。

5.促销可行性分析包括哪些内容？

答：政府可接受程度分析；公众可接受程度分析；消费者可接受程度分析；竞争者反应分析；媒体可接受程度分析；中间商可接受程度分析；厂商自身可接受程度分析。

6.组合促销的特点是什么？

答：组合促销是广告宣传、人员推销、公共关系、营业推广四种促销方式的组合。组合促销不仅是四大促销方式的组合，还包括多种次级促销方式的亚组合。组合促销不是固定不变的静态组合，而是时常变化的动态组合。组合促销是围绕着企业的促销目标进行的。组合促销策略是企业市场营销组合策略的一个有机组成部分，组合促销受市场营销组合的影响。

【案例分析题】

1.请问案例中采用的是哪种促销方式？按照促销提供的利益分类，案例应属于哪种类型？

答：案例中主要采用了游戏与竞赛的促销方式。按照促销提供的利益分类，案例应属于以提供心理利益为主的促销，活动利用消费者的侥幸心和好胜心，以奖品诱饵刺激消费者参与活动。

2.评价“莎莉之星”的促销活动，分析其产生效果的原因所在。

答：目标群体选择正确；方式符合目标群体的心理；奖品具有吸引力；消费门槛设置合理；奖品领取方式富有深意，能带动门店销售，新闻发布会具有附带传播效应。

第十五章　营销计划、组织、执行和控制

一、学习目的

通过本章的学习，理解市场营销计划、组织、执行和控制的基本概念，掌握营销计划分类及其组成要件，了解市场营销组织的影响因素。

二、学习重点

(一)市场营销计划

市场营销计划是指导、协调营销活动的依据。

1. 市场营销计划的层次性

根据营销计划所涉及的范围或内容对其进行分类，可以分为战略性市场营销计划和战术性市场营销计划。

(1)战略性市场营销计划，是确定一个组织或单位主要营销目标并为最终实现目标而采取的行动方案，包含对必需营销资源的安排和配置。具体又可以分为市场导向的营销战略计划和竞争导向的营销战略计划。

(2)战术性市场营销计划，是对战略性市场营销计划的补充和细化。与战略性市场营销计划不同的是，战术性市场营销计划一般涉及的是短期行为，它关注的是那些企业或组织为实现长期战略性市场营销计划而必须完成的当前或近期的活动。

2. 市场营销计划的内容

市场营销计划包括以下六个组成要件。

(1)提要：用简短的语言对主要营销目标和措施进行描述。

(2)现状与分析：描述市场、产品、竞争、分销和宏观环境等背景和现状，对企业做出SWOT 分析，指出企业面临的基本问题及对未来的主要假设。

(3)目标：制定目标体系，注意目标之间的层次性、因果性和一致性，明确目标的主次关系，同时将这些目标量化。

(4)营销战略或策略：主要说明企业将采用的营销战略，包括目标市场选择和市场定位战略、营销组合战略、营销费用战略等。

(5)执行方案：主要决定企业营销将做什么、什么时候开始做、什么时候完成、谁来做、预计成本是多少。

(6)营销控制:是检查行动是否达成目标的机制,主要说明计划的执行情况和执行的进度,列举突发事件,提出应急预案。

(二)市场营销组织

市场营销组织是企业为了实现经营目标或实施营销计划,由从事市场营销活动的各个部门及其人员所构成的一个有机结合体。健全、有效、合理的营销组织是实现企业营销目标的可靠保证。

1. 影响因素

(1)企业规模大小。企业规模越大,市场营销组织越复杂;企业规模越小,市场营销组织越简单。

(2)市场状况。决定市场营销人员分工和负责区域的依据是市场的地理位置。

(3)产品特点。它包括产品种类、产品特色、产品关联性以及产品的技术服务方面的要求等。

(4)所在市场的地域分布。经济发达与否也是重要影响因素。

2. 市场营销组织形式

市场营销组织必须与营销活动的四个方面即职能、地域、产品和市场相适应,市场营销组织的形式有职能型组织、地区型组织、产品管理型组织、市场管理型组织、产品-市场管理型组织。

3. 市场营销组织设置的原则

市场营销组织设置的原则有整体协调和主导性原则、精简以及适当的管理跨度与层级原则、有效性原则。

(三)市场营销执行

市场营销执行是指将企业制订的市场营销计划转变为实际营销行动的过程,并保证任务的完成,以实现计划的既定目标。

1. 市场营销计划执行中存在的问题

存在的问题:计划脱离实际,目标相互矛盾,保守思维的抵制,没有具体明确的执行方案。

2. 市场营销执行技能

(1)发现及诊断问题的技能。

(2)评价存在问题的技能。

(3)执行计划的技能。它包括配置技能、调控技能、组织技能、互动技能。

(四)市场营销控制

市场营销控制就是确保营销活动按既定计划执行,并对偏离行为进行监督与修正的过程。只有有效的控制才能保证营销目标的顺利实现。

1. 市场营销控制的类型

(1)事前控制:在活动开始之前进行控制。

(2)事中控制:在活动进行的同时适时进行控制。

(3)事后控制:在活动之后进行检查调整控制。

2. 市场营销控制的程序

通常情况下,市场营销控制由三个步骤组成:预测营销绩效;比较绩效与标准之间的差异;修改偏差。

3. 市场营销控制的内容

(1)年度计划控制,主要检查市场适应活动是否实现了年度计划的预期,决定有没有必要采取调整措施。

(2)盈利控制,为了确定每种产品在不同地区的实际获利能力,包括盈利能力分析以及最佳调整方法选择。盈利能力分析主要是通过财务报表和数据处理衡量每个因素对企业最终盈利贡献的大小。最佳调整方法选择是通过盈利能力分析找出妨碍获利的因素并采取相应的措施,做出最优决策。

(3)效率控制,任务主要是提高人员、广告、促销等各种工作的效率。

(4)战略实施控制,明确审计公司的战略和规划是否真正抓住了市场机会,以及是否同市场营销环境相适应,其目的主要是保证企业目标、战略与市场相适应。

课后练习

【名词解释】

1. 市场营销组织　2. 矩阵型组织　3. 企业文化　4. 市场营销控制　5. 市场营销审计

【单项选择题】

1. 企业的市场营销组织随着经营思想的发展和企业自身的成长，大体经历了（　　）典型形式。

A. 六种　　B. 四种

C. 五种　　D. 七种

2. 现代市场营销企业要建立（　　）型组织，使企业所有的管理人员乃至每一位员工在这一组织框架内通过信息共享，使企业一切部门和每一个人的工作都围绕“为顾客服务”来展开，市场营销不仅是一个部门的职能，而且是整个企业的经营哲学。

A. 产品管理　　B. 职能

C. 产品/市场　　D. 市场导向

3. 市场营销管理必须依托于一定的（　　）进行。

A. 财务部门　　B. 人事部门

C. 主管部门　　D. 营销组织

4. 制订实施市场营销计划，评估和控制市场营销活动，是（　　）的重要任务。

A. 市场主管部门　　B. 市场营销组织

C. 广告部门　　D. 销售部门

5. “组织”就人而言，是指按一定的宗旨和系统建立的（　　）。

A. 集体　　B. 计划

C. 任务　　D. 部门

6. 设置（　　），能够对企业与外部环境，尤其是与市场、顾客之间关系的协调，发挥积极作用。

A. 市场营销机构　　B. 市场营销职能

C. 市场营销企业　　D. 市场营销控制

7. 设置市场营销机构需要遵循的第一个原则是整体协调和（　　）原则。

A. 主导性　　B. 整体性

C. 完整性　　D. 可靠性

8. 满足市场的需要，创造满意的顾客，是企业最基本的（　　）。

A. 组织形式　　B. 宗旨和责任

C. 主要职能　　D. 营销观念

9. （　　）是最常见的市场营销组织形式。

A. 职能型组织　　B. 产品型组织

C. 地区型组织　　D. 管理型组织

10. 市场营销计划的提要部分是整个市场营销计划的(　　)所在。

A. 任务　　B. 精神

C. 标题　　D. 目录

11. 市场营销是企业管理和经营中的(　　)。

A. 主导性职能　　B. 辅助性职能

C. 被动性职能　　D. 社会分配职能

12. 市场营销组织管理跨度及管理层次的设置不是一成不变的，机构本身应当具有一定的(　　)。

A. 弹性　　B. 灵活性

C. 随机性　　D. 选择性

13. (　　)是指一个组织在一定时间内可以完成的工作量。

A. 效果　　B. 效率

C. 能力　　D. 百分比

14. 销售差距分析主要用来衡量造成(　　)的不同因素的影响程度。

A. 销售差距　　B. 市场营销

C. 营业总额　　D. 销售数量

15. 年度计划控制要确保企业在达到(　　)指标时，市场营销费用没有超支。

A. 分配计划　　B. 生产计划

C. 长期计划　　D. 销售计划

16. 战略控制的目的是确保企业的目标、政策、战略和措施与(　　)相适应。

A. 市场营销环境　　B. 市场营销计划

C. 推销计划　　D. 管理人员任期

17. 国内某知名企业既生产电视、冰箱、洗衣机等家电产品，又生产电脑、手机及整体橱柜。该企业所生产的各种产品差异很大，品种很多，在设置市场营销组织时，适宜采用的市场营销组织类型是(　　)。

A. 职能型组织　　B. 产品型组织

C. 市场型组织　　D. 地理型组织

18. 组织的效率高低取决于(　　)和管理宽度两个因素。

A. 集权化程度　　B. 决策的效率

C. 管理者的魄力　　D. 分权化程度

19. 一个组织必须能随市场变化和(　　)而不断进行自我调整。

A. 技术革新　　B. 消费者爱好

C. 政府导向　　D. 自身实力

20. 合理的组织有利于市场营销人员的(　　)。

A. 完成定额　　B. 协调合作

C. 服从控制　　D. 贷款加收

【多项选择题】

1. 市场营销战略主要由(　　)几部分构成。

A. 目标市场战略　　B. 市场营销组合战略

C. 市场营销控制　　D. 市场营销行为

E. 市场营销预算

2. 市场营销计划的实施过程中,涉及相互联系的几项内容是(　　)。

A. 明确战略目标　　B. 制订行动方案

C. 协调各种关系　　D. 形成规章制度

E. 调整组织结构

3. 推销和市场营销两种职能及其机构之间,需要(　　)。

A. 互相协调　　B. 默契配合

C. 互不干涉　　D. 各自为战

E. 前者在后者的指导下行动

4. 市场营销控制包括(　　)。

A. 年度计划控制　　B. 盈利控制

C. 质量控制　　D. 效率控制

E. 战略实施控制

5. 企业所设置的市场营销部门应当做到:(　　)时,能够代表企业;面对企业内部时,又能代表市场、代表顾客;同时具有相互适应的运转机制。

A. 面对员工　　B. 面对市场

C. 面对部门　　D. 面对顾客

E. 面对领导

6. 市场营销部门还担负着向市场和潜在顾客(　　)的任务。

A. 推荐产品　　B. 引导购买

C. 分销产品　　D. 建立销售渠道

E. 组织产品运输与仓储

7. 要发挥市场营销机构自身的整体效应,必须做到(　　)的协调一致。

A. 机构内部　　B. 企业内部

C. 企业外部　　D. 营销机构

E. 企业目标

8. 市场营销计划中的背景或现状部分应提供(　　)以及与现实环境有关的背景资料。

A. 市场　　B. 产品

C. 竞争　　D. 分销

E. 价格

9. 市场营销部门的组织形式有(　　)。

A. 职能型组织　　B. 产品(品牌)管理型组织

C. 产品/市场管理型组织　　D. 地区型组织

E. 市场管理型组织

10. 市场营销计划的特点，主要有(　　)。

A. 整体性　　B. 可行性

C. 经济性　　D. 灵活性

E. 连续性　　F. 安全性

11. 市场营销实施所需的技能主要有(　　)。

A. 配置技能　　B. 调控技能

C. 组织技能　　D. 互动技能

E. 沟通技能

12. 效率控制主要包括(　　)。

A. 销售人员效率控制　　B. 广告效率控制

C. 促销效率控制　　D. 分销效率控制

【判断题】

1. 市场营销人员与销售人员都是一个群体。(　　)
2. 企业营销目标的实现主要靠营销部门的努力。(　　)
3. 市场营销执行和控制是市场营销管理过程中的重要步骤。(　　)
4. 单纯的销售部门产生于 20 世纪 30 年代经济大萧条以后。(　　)
5. 在市场营销观念下，所有部门都应以“满足消费者”这一原则为中心。(　　)
6. 工程部门关心的是产品的技术质量、制造工艺的简化，而不关心成本费用的节约。(　　)
7. 市场营销审计是进行市场营销控制的有效工具，其任务是对企业或经营单位的财务状况进行审查。(　　)
8. 企业营销战略是由上层专业计划人员制定的，而市场营销计划是由市场营销管理人员制订的。(　　)
9. 销售差距分析可以用于决定各个不同因素对销售额的影响。(　　)
10. 市场营销成本不包括直销人员的工资奖金。(　　)

【简答题】

1. 企业的市场营销组织随着经营思想的发展和企业自身的成长，大体经历了哪几种典型形式？
2. 职能型组织的主要特点是什么？
3. 企业要达到有效性，实现工作的高效率，必须具备的基本条件是什么？
4. 研究开发部门与市场营销部门合作，可采用哪些方式？

【案例分析题】

K 公司的《学习的革命》

中央电视台在《焦点访谈》之前的一则广告，引起了不少人的兴趣。这则在黄金时段播出的广告是为一本定价 28 元、名为《学习的革命》的书所做。据知情人介绍，每天播出这则 15 秒的广告需要花费 25 万元。

在北京的梅地亚宾馆，K公司宣布了《学习的革命》的推广计划，那就是斥资1个亿作为广告投入，要在100天卖掉1000万册。近年来，书业不振已是人所共知。北京一家书店的董事长认为，这是"疯狂的举动"，他说：书没有这样做的，一本书也不值得这样做。因为国家经济形势和书业处于低潮，盗版活动很快就会冲击正版。这本书不一定会有1000万册的市场容量。广域图书公司董事长刘总觉得，发行1000万册太夸张。一本书的销售量要达到全国所有图书发行量的1%，如果不是跟更大的目的有关，那就是疯子的行为。

事实表明，K公司自己也没有对1000万册的销售量抱多大希望。K公司董事长对部属说过：卖500万册我们就庆功。在接受记者采访时，董事长解释了此次策划的思路：

第一步，就是先树立一个梦，提出销售1000万册的目标。既然是梦，就无须用科学逻辑的道理去批驳、推翻它。

第二步，弄清楚梦想的意义。为了总结1000万册销售成功的意义，K公司开了好多次会，从开始的十几个人到后来的上百人参加，总结了200多条意见。这些都是今后落实工作的动力和基础。

第三步，让梦想变成现实的具体手段。要想成功推广1000万册，一定要让这本书家喻户晓，于是就有了中央电视台黄金时段的广告。据说，尽管有导演谢晋无偿支援，K公司为电视广告仍然筹备了三个月，花费200万元制作费。从K公司电视广告播出安排表上可以看到，K公司已在中央一套节目、中央三套节目、中国教育台、凤凰卫视中文台以及各地日报、晚报上投放了广告。

第四步，则是分析梦想失败的原因。困难会有许多，最致命的可能就是盗版。K公司已经申请了有关法律保护，书的封面有防伪标志，每本书有唯一编号，同时把活动定在100天内完成，不给盗版者可乘之机。为了推广，K公司制作了100本高76厘米、宽52厘米、重14.8千克的"书王"，制作了12米高、9米宽的中国最大的图书模型，并成为国内第一家为一本书开设一个网站、开通专项寻呼的单位。

从12月12日开始，名为"学习的革命"的展览在全国39个城市举办。同时，《学习的革命》一书也在几十个城市的办事处开始批发。据悉，该书头两天的销售量即达到38万册。这在图书市场低迷的大环境下，也确实算得上一个不小的奇迹。

此番K公司不惜血本地投入宣传，目的当然不仅仅是卖书而已。董事长表示：K公司是滚动投入。毕竟卖一本书K公司还有10元的毛利，投入1亿元发行1000万本书K公司最多是赚不到现金而已，但39个城市的展览将会有300万人左右参加，收到门票和海报等宣传品的将有3000万人，间接波及的人口会有3个亿，照此计算，K公司的无形资产会增长5～10倍。

请分析讨论：

试为《学习的革命》制订市场营销计划和具体行动方案。

参考答案

【名词解释】

1. 市场营销组织：企业内部涉及营销活动的各个职位及其结构。

2. 矩阵型组织：职能性与产品型组织相结合的产物，它是在原有的按直线指挥系统为职能部门组成的垂直领导系统的基础上，又建立一种横向的领导系统。

3. 企业文化：一个企业内部全体人员共同持有和遵循的价值标准、基本信念和行为标准。

4. 市场营销控制：市场营销经理经常检查市场营销计划的执行情况，看计划与实际工作是否一致，如不一致，则找出原因，并采取适当措施和正确行动。

5. 市场营销审计：是对一个企业市场营销环境、目标、战略、组织、方法、程序和业务等进行综合的、系统的、独立的和定期的核查，以便确定困难所在和各项机会，并提出行动计划的建议。

【单项选择题】

1. C　2. D　3. D　4. B　5. A　6. A　7. A　8. B　9. A　10. B

11. A　12. A　13. B　14. A　15. D　16. A　17. B　18. A　19. B　20. B

【多项选择题】

1. ABE　2. BCDE　3. ABE　4. ABDE　5. BD　6. ABCDE

7. ABC　8. ABCD　9. ABCDE　10. ABCDE　11. ABCD　12. ABCD

【判断题】

1. ×　2. √　3. √　4. ×　5. √　6. ×　7. ×　8. ×　9. ×　10. ×

【简答题】

1. 企业的市场营销组织随着经营思想的发展和企业自身的成长，大体经历了哪几种典型形式？

答：单纯的推销部门；具有辅助性职能的推销部门；独立的市场营销部门；现代市场营销部门；现代市场营销企业。

2. 职能型组织的主要特点是什么？

答：其主要特点是行政管理简单、方便。但是，随着产品的增多和市场的扩大，这种组织形式会逐渐失去其有效性。

(1)在这种组织形式中，没有一个人对一种产品或者一个市场全盘负责，因而可能缺少按产品或市场制订的完整计划，使得有些产品或市场被忽略。

(2)各个职能科室之间为了争取更多的预算，为了得到比其他部门更高的地位，相互之间进行竞争，市场营销副总经理可能经常处于调解纠纷的漩涡之中。

3. 企业要达到有效性，实现工作的高效率，必须具备的基本条件是什么？

答：(1)市场营销部门要有与完成自身任务相一致的权力，包括人权、物权、财权、发言权、处理事务权。不能责、权、利相结合，就无法工作，更谈不上效率。

(2)市场营销组织要有畅通的内部沟通和外部信息渠道。有人说，如果信息等于零，管理就等于死亡。没有通畅的信息，市场营销管理也就难有任何真正的效率。

(3)善于用人，各司其职。为了保证效率，要制定规章制度，包括奖惩条例。通过建章立制，明确每个员工的职责，各司其职，奖勤罚懒，充分调动积极性。

4.研究开发部门与市场营销部门合作，可采用哪些方式?

答:可采用的方式有:联合主办研讨会，以便加强对双方工作目标、作风的理解和尊重;每个项目同时派给研究开发人员和市场营销人员，让他们一起合作，共同确定营销计划与目标。

【案例分析题】

试为《学习的革命》制订市场营销计划和具体行动方案。

答:K公司的市场营销计划和具体行动方案如下。

(一)市场营销计划

1.提要

根据当前图书市场营销调研与分析，提出销售1000万册《学习的革命》，以“K公司”的企业与品牌为主的无形资产增长5～10倍的营销目标，并在此基础上制订具体行动方案。

2.背景

《学习的革命》一书上市销售，其市场营销的主要背景特征:一是近年来书市不振，最畅销书在国内市场上也只能销售到100万册左右;二是上一年度全国图书销售码洋共计275亿元，品种一共12万个;三是国内图书业盗版问题突出，法律保护相对不力，加之分销渠道也较为混乱。这在一定程度上对《学习的革命》一书的销售增加了难度，宏观环境形势、分销情况都相对不利。

3.分析

(1)机会与威胁的分析。

A.机会。近年来书业不振已是人所共知，但就其原因分析，主要是因为适合读者阅读的好书太少，而《学习的革命》一书对于我国各个层次的读者来说，确实是一本难得的好书，它倡导一种全新的高效率的学习方法，将是对传统的学习方法的一次革命。本书的实用、科学、高效、易懂等特征，体现了以顾客为中心的现代市场营销观念，也就创造了新的市场机会。

B.威胁。本书上市销售的最大威胁来自不法书商的盗版，并有可能因盗版书低价倾销致使销售彻底失败。

(2)K公司在资金能力和市场营销网络等方面有较好的基础条件优势，包括在全国的几十个城市建有自己的办事处，但“K公司”尚未成为一个知名品牌则是最大的弱点。

(3)主要分析结果是，机会与威胁、优势与弱点并存，只有最大限度地利用机会和优势，并采取有力措施消除威胁与弱点，才能真正具备商业价值。

4.目标

(1)销售1000万册《学习的革命》。

(2)使K公司成为国内知名企业与品牌，并使无形资产增长5～10倍。

(3)总营销费用开支1亿元，营销总额2.8亿元。

5. 战略

(1)目标市场：中等收入家庭，尤其侧重于学生和知识分子阶层。

(2)品牌定位：对所有学习者来说都是“学习的革命”的最好教材。

(3)产品线：平装本为主，精装本为辅，精装本约占10%。

(4)价格：中等价位。

(5)分销：重点放在书店销售，并开设专项网站和传呼直销。

(6)销售人员：增加60%。

(7)服务：做到方便、迅速、高效。

(8)广告：针对品牌定位战略所指向的目标市场，利用多种媒体组合成新的广告活动。

(9)销售推广：预算增加20%，打造一种新型“书王”和中国最大图书模型，以增加销售现场的销售量。

(10)营销资金：流动投入、高效周转。

6. 战术

将上述1～10项战略具体化，并细化形成整套的战术，进一步明确做什么、何时做、费用开支、达到什么具体目标，并标明日期、活动费用和责任人。

7. 损益预测

编制预算书，并对预算书的收入、支出栏目进行全面的损益预测分析。

8. 控制

主要说明如何对计划的执行过程、进度进行管理。

(二)具体行动方案

1. 制订确实可行的行动方案

(1)按照“现代市场营销企业”的要求，组建与市场营销计划相配套的市场营销组织，并按照“7-S模型”原则，结合本书市场营销的特点进行有效的组织、管理。

(2)依托市场营销组织，在详细研究确定分销渠道、多层网络直销、定价策略与实施方案的基础上，具体细化各目标市场的人员、广告、公关、营业推广促销方案。方案必须明确市场营销计划中的关键性环节、措施和任务，并将任务和责任分配到小组或个人，实行责、权、利挂钩。如在100天内完成销售目标的具体安排，包括利用现代科技和法律手段防止盗版等方案，确定每一项行动的确切时间和具体任务目标。

2. 适时调整组织结构

根据企业战略、市场营销计划的需要，适时改变、完善组织结构，即根据具体行动过程中发现的问题及时调整组织结构。

3. 设计规章制度

设计与市场营销计划相匹配的规章制度，通过规章制度的执行以保证计划和方案能够落在实处。

4. 协调各种关系

必须使行动方案、组织结构、规章制度等要素协调一致和互相配合，确保市场营销战略和计划能够有效实施。